U0754693

"海底巨兽"的秘密

主编 杨计明

SPM
南方传媒

广东科技出版社
全国优秀出版社

·广州·

图书在版编目（CIP）数据

"海底巨兽"的秘密 / 杨计明主编. -- 广州：广东科技出版社，2024. 9（2025.4重印）. --（中国当代科学家的故事）. ISBN 978-7-5359-8378-7

Ⅰ. K826.1-49

中国国家版本馆 CIP 数据核字第 2024W3R743 号

"海底巨兽"的秘密
"Haidi Jushou" de Mimi

出 版 人：严奉强
项目策划：王 蕾
项目统筹：招海萍 区燕宜 严 旻
责任编辑：李 杨 赵书兰 思 丝
封面设计：俞孝军
装帧设计：友间文化
责任校对：杨 乐
责任印制：彭海波
出版发行：广东科技出版社
　　　　　（广州市环市东路水荫路11号 邮政编码：510075）
销售热线：020-37607413
https://www.gdstp.com.cn
E-mail：gdkjbw@nfcb.com.cn
经　　销：广东新华发行集团股份有限公司
印　　刷：广州市东盛彩印有限公司
　　　　　（广州市增城区上邵工业区工业二路1号 邮政编码：510700）
规　　格：889 mm×1 194 mm 1/32 印张4.5 字数90千
版　　次：2024年9月第1版
　　　　　2025年4月第2次印刷
定　　价：29.80元

如发现因印装质量问题影响阅读，请与广东科技出版社印制室联系调换（电话：020-37607272）。

"中国当代科学家的故事"丛书

编委会

主　　编：杨计明

本册主编：童海云

编写人员：（按编写顺序排序）

　　　　　杨计明　陈莹莹　江翠情

　　　　　姜　羽　陈　成　张　会

　　　　　雷　俊　武亚飞

序 言

在浩瀚的宇宙中，人类探索的脚步从未停歇。从古至今，无数科学家以其卓越的智慧和不懈的努力，推动着人类社会的进步和发展。科学家是知识的创造者和传播者，是时代的先锋、国家的脊梁。

国家最高科学技术奖是中国科学技术界的最高荣誉，主要授予在当代科学技术前沿取得重大突破或者在科学技术发展中有卓越建树，在科学技术创新、科学技术成果转化和高技术产业化中创造巨大经济效益或者社会效益的科学技术工作者。本套丛书主要介绍了从2000年起历届国家最高科学技术奖获奖者的科学发现及科学贡献，他们有的在实验室里默默耕耘，有的在太空探索中勇往直前，有的在手术台上挽救生命，有的在信息技术领域创新突破……他们的故事，是关于梦想、挑战、坚持和成就的故事。

"中国当代科学家的故事"丛书专为青少年读者精心编撰，是一套弘扬科学精神和科学家精

神，树立优秀榜样，培养青少年热爱科学、勇于探索、坚持真理、无私奉献的精神，提高青少年科学素养的科普读物，希望通过讲述中国当代科学家们的故事，激发年青一代对科学、技术、工程和数学（STEM）领域探索研究的热情和兴趣，传递昂扬向上的生命力量。

丛书按获奖者获奖年份分为5册，每册讲述7名科学家的成就和故事。

让我们一起翻开本书，走进科学家的世界，感受他们对真理的追求、对科学的热爱、对未知的探索，学习他们高尚的精神，感受他们的人格魅力。希望本套丛书能够成为青少年科学探索路上的一盏明灯，点燃梦想的火种，照亮前行的道路。

中国科学院院士

2024年8月

侯云德

钱七虎

刘永坦

黄旭华

曾庆存

顾诵芬

王大中

目 录

侯云德

让病毒无处可藏

科学家简介

侯云德（1929年一　）

中国分子病毒学和基因工程药物的开拓者之一

中国现代传染病综合防控技术体系的主要奠基人

中国工程院院士

2017年度国家最高科学技术奖获得者，第一位获得此项殊荣的疾控领域专家

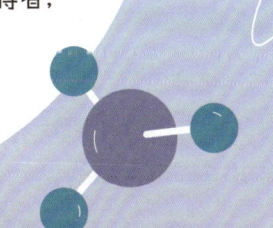

科学发现

人们无法用肉眼看到病毒，然而却能真切地感受到病毒的存在和巨大威胁。例如2020年开始肆虐全球的新型冠状病毒，至今人们依然记忆犹新。

在人类的历史长河中，人们与病毒的斗争从未间断，而且极为惨烈。14世纪，欧洲曾遭"黑死病"侵袭，该病由鼠疫杆菌引发，致使欧洲约三分之一的人口（约2 500万人）失去生命。1918年，西班牙流感大流行席卷全球，战争和流感的双重打击使得全球人口数量大幅下降，商店被迫关闭，交通和物流也受到了严重的干扰，估计死亡人数为5 000万至1亿。此外，19世纪的霍乱、20世纪的艾滋病，以及近年来备受关注的新冠病毒等传染病，均在人类历史上留下了深刻烙印。

历史告诉我们传染病的防治意义重大，不仅关乎我们自身的健康和生命安全，更关乎整个社会的稳定和发展。

在中国的传染病防控领域，有一位举足轻重的人物，他就是为中国生物医学领域的发展和人类健康事业作出了杰出贡献的侯云德院士。

侯云德院士在科研领域取得了丰硕的成果，其中非常引人瞩目的成就便是他成功研发出中国首个拥有自主知识产权的基因工程一类新药——重组人干扰素 α1b。

2009年甲型H1N1流感大流行期间，他也曾作为联防联控机制专家委员会主任，与其他科学家并肩作战，首次对流感大流行进行了人为干预，并获得国际公认。

侯云德院士的背后，有着怎样的传奇故事？他又是如何与病毒、传染病斗智斗勇的呢？

经历"小白鼠"事件，一战成名

侯云德出生在江苏省常州市的一个普通家庭。学生时代，侯云德就表现出了出色的聪明才智，成绩优异的他立志学医，考上了同济大学医学院。

20世纪50年代，病毒学还是一门新兴的学科，对于刚刚成立的中华人民共和国而言，急需培养一批具备病毒学研究能力的高级人才，以应对国家面临的重大突发公共卫生事件挑战。1958年，承载着国家的厚望与嘱托，侯云德踏上前往苏联医学科学院伊凡诺夫斯基病毒学研究所的求学之路，攻读副博士学位，以期在这个充满机遇的领域有所作为。在苏联学习的日子里，他全身心地投入，夜以继日地刻苦钻研，实验室和图书馆成为

他每天待得最久的地方。

一次意外事件让侯云德出了名。当时，研究所发生了一桩离奇的事件：实验室里的小白鼠一下子全死光了，并且没有征兆！面对小白鼠不明原因的死亡，大家急得团团转，这是怎么回事？致病原因是细菌还是病毒？真正的罪魁祸首究竟是谁呢？

经过对实验室情况的细致勘察，侯云德结合自己多年的知识储备，作出了敏锐的判断。他迅速将焦点锁定在副流感病毒上，并立即着手展开实验。在分离、消毒以及切断传播链等各个环节，侯云德均严谨操作，最终成功找出了致病的真正元凶——仙台病毒。为确保实验室安全，他进行了系统的消毒工作，并让实验室空置两周。自此以后，实验室再也没有发生过动物集体死亡的事件。

这一"战"让侯云德声名大噪。在这次小白鼠异常死亡事件中，他展现出非凡的洞察力和专业素养。他的敏锐预判并非偶然，而是基于长期积累的扎实学识。在深入研究病毒的过程中，侯云德发现，仙台病毒能引发单层细胞融合等独特现象，并成功撰写了关于副流感病毒研究的学位论文。

由于侯云德在病毒研究方面取得了显著的成就，苏联高等教育部破例在1962年直接授予他医学科学博士学位。要知道，此时侯云德还未获得副博士学位，这一殊荣在他所在的研究所几十年的历史中是从未有过的！

在这短短的3年多的研究生生涯里，侯云德发表了数十篇高质量的学术论文，为病毒学领域作出了杰出贡献，赢得了国际社会的广泛赞誉。这是侯云德出色的科研能力的集中体现，也为他今后的病毒研究工作奠定了坚实基础。

发现抗病毒的利器——干扰素

病毒是由核酸分子和蛋白质组合而成的非细胞结构的微生物，依靠寄生活动，是人类最大的敌人之一。瘟疫、鼠疫、麻风等多种病毒病的肆虐，曾给人类带来痛苦和恐慌。

摸清病毒的底细已经是一件不容易的事，然而侯云德的雄心没有仅仅停留在认识病毒的基础研究上，"认识世界的目的在于改造世界"，他更希望找到能对付病毒病的武器，解除全国上千万病毒病患者的痛苦，消灭病毒病。

1962年，侯云德学成回国后，立即着手开展呼吸道病毒感染的研究。1972年，他投入到一项新的工作中，那就是普通感冒的防治。侯云德有一个想法：中药材是我国的瑰宝，能不能从中找到对付病毒的突破口呢？在翻阅了大量资料、做了大量研究后，他发现传统中药材黄芪具备抑制特定病毒繁殖的潜力，它能诱导机体产生一种名为干扰素的抗病毒物质。这一发现令侯云德倍感振奋，于是，他决定以干扰素作为攻克病毒性疾病的主要切入点。

干扰素

干扰素是一种特殊的蛋白质，存在于我们的身体中。当我们的身体被病毒感染时，病毒就会接管人体细胞内的"化学工厂"，并使用细胞内产生的物质来进行自我繁殖，使细胞无法正常生长。

而干扰素是天然的抗病毒物质，它的任务就是告诉身体的其他细胞："有病毒来了，大家快做好防护！"一旦它与细胞膜结合，就像一把神奇的钥匙，激活细胞内的抗病毒蛋白质，让细胞免疫力量倍增，筑起一道坚不可摧的防线，有效抵御病毒的侵袭。

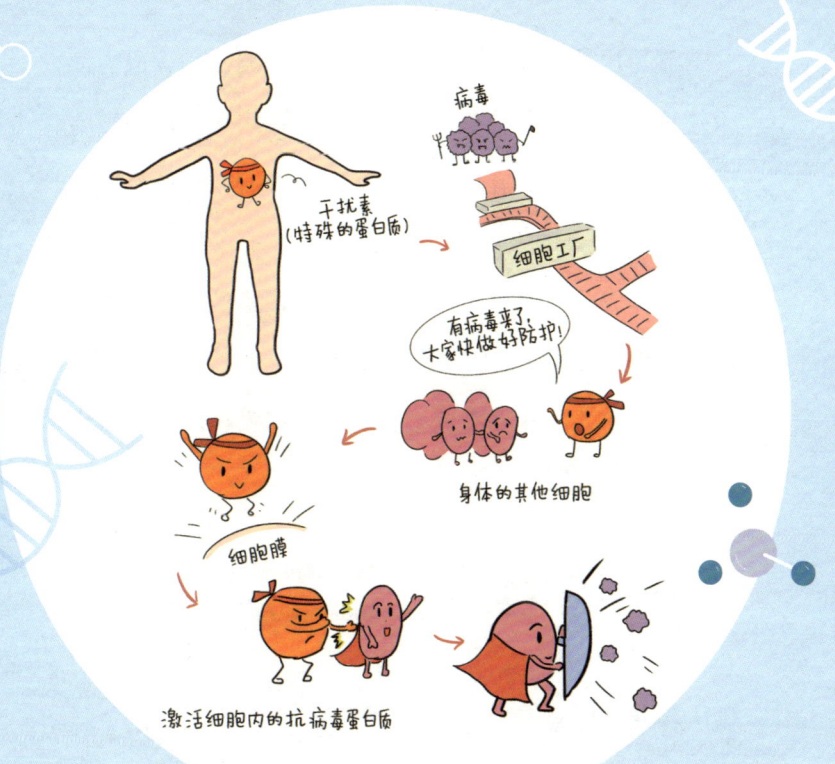

干扰素能激活抗病毒蛋白质，抵御病毒

然而，在20世纪70年代，干扰素这样神奇的"病毒克星"一度难以得到普及。那时，我国的干扰素还依赖进口，极度稀缺，一支干扰素需要300元，一个疗程就要花掉两三万元，价格高昂。这使得很多病人望而却步，只能"望药兴叹"。侯云德也倍感苦闷："中国人能不能做出自己的干扰素？"

制造出能让中国人都用得起的干扰素药物，成为侯云德每天都在思考的事情。起初，他采用人脐血白细胞诱导产生干扰素的方法，然而经过深入研究和计算，他发现8 000毫升的人血仅能制备出1毫克的干扰素。在当时，换算成临床使用的剂量，每支干扰素的生产成本已高达100多元。面对如此高昂的成本，侯云德不禁陷入深思，如何才能在拥有近十亿人口的国家推广这款药物的应用呢？真的没有可行的解决方案了吗？

拉开中国基因工程药物时代的序幕

20世纪60年代，来自美国约翰斯·霍普金斯大学的微生物学家史密斯和他的同事发现了可以切割DNA（脱氧核糖核酸）的限制性内切酶。随后，其他科学家也开始做相关研究，并将这种酶当作"剪刀"，用于基因编辑。1972年，美国斯坦福大学的保罗·伯格使用这种限制酶将一种病毒的DNA切了下来，然后用一种结合酶把这个DNA与另一种病毒的DNA结合起来，首次制造了同时包含两个物种的遗传物质的一段DNA。很快，当时的发达国家开始采用基因重组技术来替代传统的天然提取胰岛素的方法。

时刻关注国际生物技术发展动态的侯云德，马上想到了开发重组人干扰素。他大胆设想：既然干扰素的本质是蛋白质，能不能用基因工程的办法，使细菌拥有能够制造这种蛋白质的基因，利用其繁殖极快的特性，使其成为"超级工厂"，来大量生产干扰素呢？要想让"超级工厂"工作，首先，科学家们需要找到制造干扰素的"设计图"，也就是干扰素的基因；然后，把这个"设计图"放入微生物的身体中，让微生物按照"设计图"来帮忙制造干扰素；最后，通过一系列工序，从微生物中提取我们需要的干扰素。

这个看似简单的想法，却需要科学家们跨越重重的困难。当时我国的生命科学技术水平与发达国家存在较大差距，科研条件落后，绝大多数人连"基因工程"的概念都没有听过，更不用说操作实践了。基因的获取需要最原始的克隆技术，20余步的设计和操作不能有丝毫差池，技术难度极大。但是，侯云德和他的团队并没有被困难打败。

1979年，侯云德研究团队借助病毒的诱导作用，成功从大量人血白细胞中提取出了携带干扰素遗传信息的mRNA（信使核糖核酸）。为了对这种遗传信息的载体进行精确测定，团队原本计划使用非洲爪蟾的卵母细胞，可是获取这种细胞非常困难。但他们并未放弃，而是坚持不懈地进行了多次尝试，并积极寻求各方面的支持与合作。最终，他们在北京郊区的一个饲养场找到了一种非洲鲫鱼的卵母细胞作为替代，成功建立了干扰素mRNA在非洲鲫鱼卵母细胞中的翻译系统。这一"土方法"看似简单，却颇有创新，充分展示了侯云德及其团队成员在科研领域的卓越能力。

功夫不负有心人。1981年，在当时科研条件不足的情况下，侯云德及其团队经过无数次的尝试和不懈的努力，终于首次从健康中国人的脐带血白细胞中成功克隆出 α1型干扰素的基因，并于次年公开发表论文。该干扰素亚型随后被国际干扰素命名委员会正式命名为α1b。这篇论文也成为中国基因工程研究的里程碑式文献之一，在后续的研究中展现出其深远的意义。

20世纪90年代，侯云德在指导学生做实验

你知道吗？

源自中国人基因的干扰素 α1b，被证实为中国人最主要的抗病毒型别。大量临床实践表明，干扰素 α1b 对乙型肝炎、丙型肝炎、毛细胞白血病等病症具有显著的治疗效果，且相较于国外同类产品，其副作用更小。这一发现不仅为中国的抗病毒治疗提供了有力武器，也为全球干扰素研究与应用领域带来了新的突破。

侯云德教授团队经过基因重组技术研制出的干扰素 α1b，是全球范围内首个由中国独立研发并拥有自主知识产权的基因工程一类药物。这一突破性的进展，标志着中国在基因工程药物领域实现了从无到有的历史性跨越，我国基因工程药物时代的序幕从此拉开。

临床应用，让科研成果造福人类

侯云德一直坚信，科研成果不应该只是躺在实验室里的"睡美人"，而应该穿上"舞鞋"，跳出实验室，在现实社会中大放异彩。只有当科研成果变成实实在在的药品，并应用于临床治疗时，才能对人民群众的健康

与安全产生实质性的帮助和促进作用。

20世纪90年代，我国乙肝病毒携带者一度超过1亿人。面对这一公共卫生挑战，侯云德率先开展采用运德素（重组人干扰素α1b的商品名称）治疗我国慢性乙型肝炎的临床研究，为我国肝炎治疗领域提供了优质的治疗药物。2006年的研究数据显示，我国乙肝病毒表面抗原携带率大幅降低，全国减少了3 000万病例，这一成果标志着我国在肝炎治疗领域取得了重要突破。

此外，侯云德还组织全国多个临床领域的专家，完成了在近10种重大病毒性疾病和肿瘤中应用重组人干扰素α1b的临床开发。经过多年的努力，侯云德团队成功完成了多项多中心Ⅲ期临床试验，涉及慢性丙肝、慢性粒细胞白血病、带状疱疹、口腔颌面部肿瘤等多个病种。临床研究结果表明，重组人干扰素α1b对这些疾病具有较好的疗效，且不良反应较小。

面对2020年初的新冠疫情，在缺乏特效药与疫苗的情况下，侯云德参与研发的α-干扰素喷雾剂被国家卫健委发布的《新型冠状病毒感染的肺炎诊疗方案》推荐为抗病毒治疗的试用药物，为全国疫情防控作出了重要贡献。

此后短短数年间，侯云德带领团队又相继研制出

1种国家Ⅰ类新药（重组人γ干扰素）和6种国家Ⅱ类基因工程新药。中国疾病预防控制中心研究员武桂珍曾赞叹：如果将病毒比作魔鬼，侯云德就是魔窟的看门人，盯着不让病毒跑出来，他一生都在做这件事情。

构建传染病防控体系

2003年，SARS病毒横扫全球，这种犹如猛虎般肆虐的严重急性呼吸道综合征平均致死率高达10.8%。拥有丰富传染病防治经验的侯云德认为，对病毒的研究不足，是导致防控体系极为脆弱的原因，我们绝不能低估传染病防控的重要性。未来如果再有类似SARS这样的传染病疫情，人类该如何构建防控体系，才能在"虎口"之下保护亿万民众免受其害？

2008年，年逾古稀的侯云德被委以重任，担任"艾滋病和病毒性肝炎等重大传染病防治"科技重大专项的技术总师。在本该安享晚年的年纪，他再次投入忙碌的工作。侯云德倡导"举国体制，协同创新"的防控策略，带领专家团队前瞻性地构思了我国降低"三病两率"以及应对重大突发疫情的综合性预防控制体系。

知识拓展

传染病是如何流行的?

　　传染源、传播途径和易感人群,是传染病流行的3个环节。传染源通常是指被感染的动物或人,包括病人、病毒携带者、受病毒感染的动物等。传播途径指的是传染病传播的多种方式,如通过空气中的飞沫传播,通过性接触或者血液的方式传播等。易感人群就是容易被病毒侵袭的人群,通常是由于体内缺乏某种病原体的抗体,而且自身的免疫力较弱,容易导致病毒入侵,被感染的概率也会明显增高。

　　如果能将这3个环节中的任何一个切断,就能控制住传染病的流行。控制传染源、切断传播途径,就不会传染给易感人群;保护好了易感人群,

传染病流行的3个环节

即便有传染源，疾病也不会大规模暴发流行。要控制传染病流行，需要同时注意这3个环节，但由于不同的传染病有不同的特点，在实际操作中也会有所侧重。

侯云德精准把握了传染病防控链条的战略要点，着重安排了一系列关键任务：迅速进行病原体的筛查与识别，监测五大症候群，以及构建网络化的实验室体系。在战术层面，他提倡将传统医学技术与最新的基因组学、生物信息学、蛋白质组学等前沿科学进行跨学科融合，从而逐步打造出一张全面覆盖中国所有省份的"应对新发和突发传染病的综合防控网络体系"大网。

想象一下，如果我们的城市有一张大大的保护网，无论从哪里进来的病毒，这张网都能第一时间将其捕捉并发出警报，让网内的各个部门做好准备，这样病毒还能扩散吗？

"应对新发和突发传染病的综合防控网络体系"就是这样一张保护网，它由众多医院、科研机构以及公共卫生部门组成，他们互相协作，分享信息。当新的病毒出现时，首先阻止病毒进入国内，在口岸加强检疫，快速识别。即使病毒进来了，人们也能在哨点医院迅速作出反应，快速发现病毒并将它控制住，不至于形成大规模扩散。

侯云德带领团队在一次次突发传染病事件中，用科学和技术为国家逐步建立并完善了一个快速发现和应对各种新出现的病毒、保护人民身体健康的强大的防病毒保护屏障。这一保护系统的有效性，10余年来在多次国内外重大传染病疫情的成功应对中得到了验证。

小故事

"我要快，要救人！"

2009年，甲型H1N1流感（下称"甲流"）汹涌而至。在没有诊断试剂、没有疫苗的情况下，经验丰富的侯云德协调综合多学科的研究，带领我国专家团队不眠不休，通过千余次的筛选实验，成功验证了一种能够快速、灵敏地检测甲型H1N1流感病毒的方法——能够与17种不同的流感病毒亚型产生交叉反应，仅在72小时内，便开发出了诊断试剂，实现了全国快速分发。侯云德还以其远见卓识指出，应优先对来自南美洲和美国等地区的航班乘客进行检测，一旦发现阳性病例，立即采取隔离措施。这一策略有效遏制了疫情的进一步扩散。

当时，全世界科学家都在与病毒赛跑，早一天研制出疫苗，便能挽救数以万计的生命。传统的疫苗研发投产少则半年，多则十年，需要先进行临床试验，再进行试验药与对照药的安全性疗效比较等步骤。研究疫苗时，有个问题困扰着大家：如果只打一针，整个流程所需的时间较短，可以加快疫苗的上市，但国际上惯用的做法是打两针。那现在到底是打一针还是两针？研究员们都犯难了。

侯云德深知单剂疫苗的推广能显著降低疫苗使用的成本，使更多人得以接种。基于早期研究成果和自己的判断，他毅然拍板：单剂接种便足够产生效果！他召集了国内多家制药公司的负责人，要求他们按照他的决定，以最快的速度开始生产疫苗。面对一些企业负责人的犹豫不决，年近八旬的侯云德情绪激昂，直拍桌了："这是做疫苗，我不要锦上添花，我要快，要救人！"

　　侯云德和团队加班加点研发疫苗，在疫情发生的87天后，新型甲流疫苗被研制成功，在甲流大规模暴发前上市使用，创造了世界纪录。这在全球尚属首次，以往没有任何一种流感疫苗能在流感大流行期间研制成功。

　　在侯云德的领导下，我国不仅取得了8项世界首创的研究成果，还首次证明了新疫苗无须加强剂，只需要单剂注射就能达到87.3%的保护效果，这一成果颠覆了世界卫生组织专家认为的需要两剂注射的共识。在甲型H1N1流感流行期间，许多国家和地区都经历了两个自然流行高峰，而我国却呈现出独特的单峰现象，这正是成功干预的成果。

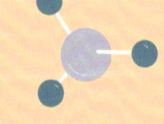

清华大学的评估结果显示，我国针对甲型H1N1流感的应对措施大幅度降低了发病率和病死率，减少了2.5亿次发病和7万人次住院。与国际平均水平相比，我国的病死率大大降低。

在侯云德等众多专家和医务人员多年的努力下，庞大的综合防控网络体系覆盖了全国的医疗网络，包括100％的县级以上医院和94％的乡镇卫生医院。在防控体系的监测下，我们能够在48小时内检测出已知的传染病病原体，在72小时内弄清楚未知的、新发的传染病病原体，并能实时监测、报告法定的39种传染病病例，为疾控中心提供重要的信息支撑。由于在突发疫情处置中"一锤定音"，全面提升了我国新发突发传染病的防控能力，侯云德和他的团队于2014年获得了国家科学技术进步奖一等奖。

"认识世界的目的在于改造世界"，这是侯云德推崇的马克思主义哲学中的核心理念。侯云德用毕生的精力与智慧构筑了我国现代传染病防控技术体系，守护了十

几亿百姓的幸福安康，为我国的公共卫生事业作出了重大贡献。

科学贡献

侯云德一辈子都在发现、认识和理解让公众谈之色变的病毒，将自己的一生投入到与这些危险病毒的斗争之中。

作为中国现代分子病毒学的开创者和我国干扰素研究的领军人物，侯云德教授在1982年成功克隆了具有我国自主知识产权的重组人α1b型干扰素基因，这一突破性成果标志着我国首个基因工程药物——重组人α1b型干扰素的诞生，开辟了国内生物医药技术的新篇章。在随后的十几年中，他又先后开发了1种国家Ⅰ类新药（重组人γ干扰素）和6种国家Ⅱ类新药，因而被誉为"中国干扰素之父"。

侯云德不仅在中国现代医药生物技术产业中起到了奠基和引领的作用，还担任了中国现代传染病综合防控技术体系的总设计师，设计并实施了多项传染病防控策略，有效抵御了多次病毒的攻击。

这位在中国传染病防线上坚守的"老将军"，用自己的一生为民筑建了一道防疫屏障，默默地保护着人民的健康。即便在耄耋之年，侯云德教授仍然密切关注着病毒学的最新进展和我国疾病防控体系的发展，他的生活哲学可以用一首诗来概括：双鬓添白发，我心情切切，愿将此一生，贡献四化业。

为国铸就 "地下钢铁长城"

科学家简介

钱七虎（1937年— ）
防护工程专家，军事工程专家，教育家
少将军衔
中国工程院院士
2018年度国家最高科学技术奖获得者
2022年获得"八一勋章"

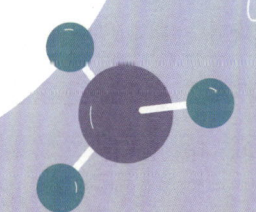

科学发现

军旅人生启幕，防护工程结缘

1937年8月，淞沪会战爆发，日本即将攻打至江苏之际，钱七虎的家人举家逃亡。10月26日，钱七虎的母亲在逃难途中的一条渔船上生下了他，由于他在家中排行第七，便取名"七虎"。带着一个婴孩逃亡是十分危险的，一声啼哭就有可能引来敌人的注意，全家的逃亡之路十分艰辛，钱七虎的父亲差点放弃了这个幼小的生命。山河破碎，给小小的钱七虎留下了惨痛的记忆，他从小就意识到：国家不强大，就会被欺凌、被侵略，人民就无法过上幸福安宁的生活。钱七虎7岁时，他的父亲去世。弥留之际，父亲把钱七虎叫到床前，嘱咐他以后要成就一番事业。父亲的遗言，深深地刻在了年少的钱七虎心中，成为他一生坚守的信念。

高中毕业时，作为学校的高材生，17岁的钱七虎被选派到苏联学习。那时候，他的梦想是成为一名水电站建设工程师，为祖国修建水电站。在那个年代，能够去苏联学习无疑是一条通向梦想的坦途。就在他动身前往苏联的前几天，又传来一个消息：国家迫切需要培养一批军事人才，哈尔滨军事工程学院（简称"哈军工"，是当时培养我国军事工程师的最高学府）将在优秀的高中毕业生中进行选拔。同时面对前途光明的出国留学机会和家国责任，钱七虎毅然放弃了前者，选择到国家需要他的地方去，从这个时候开始，钱七虎的军旅人生正式拉开了序幕。

回首往事，钱七虎认为当时的自己做出了人生中最正确、最无悔的选择。他曾说，人生的岔路口有很多选择，我们要把个人的命运与国家、人民的需要相结合。正是因为这个选择，钱七虎与防护工程结下了不解之缘。

在校期间，钱七虎学习十分刻苦，寒暑假都在学习。大学毕业时，他是全年级唯一一个成绩全优的毕业生。也正是因为他的努力和优秀，组织决定选派他到莫斯科古比雪夫军事工程学院继续深造，攻读副博士学位。那个时候，国家还处于三年困难时期，正经历着全国性的粮食危机，但还是用来之不易的资金送他们去苏联留学，希望他们可以学到更先进的技术，回来报效祖国。留学期间，钱七虎分外珍惜这用口粮换来的宝贵机会，夜以继日地学习，勤奋刻苦、坚韧不拔。

1965年，钱七虎学成回国，接受组织的安排，成为原西安工程兵工程学院的一名教员。也是从那时起，钱七虎便开始了他为之奋斗一生的事业——核防护工程研究。这项研究开创了我国在核生化防护工程领域的全新方向，研究对象和所用的实验方法在当时的中国都是崭新的。

铸造抗力最高的飞机洞库防护大门

小故事

蘑菇云中，他毫不犹豫地冲进核爆中心

钱七虎接到的第一个防护工程领域的任务，是设计一个能抵御核爆冲击波的空军飞机洞库防护大门。在原先的设计方案中，虽然每次核试验后，飞机和门都没有大的损坏，但是门却无法打开。试想，在真实的战场上，打不开防护门，飞机就飞不出去，我们就无法反击敌人，这意味着我们的空中力量将失去作用。

钱七虎和团队冲进核爆现场

　　大门为什么会打不开呢？原有防护门设计方案中是否存在未发现的问题？为了找出其中的问题，钱七虎决定亲自到核爆试验现场调查研究。

　　20世纪70年代初的一天，随着戈壁深处传来的一声惊天巨响，荒漠上一片蘑菇云腾空而起，在人们欢呼庆贺时，钱七虎和他的团队穿着防护服，毫不犹豫地冲进了核爆中心，开始勘察爆炸现场。经过现场勘测，钱七虎敏锐地发现，由于设计精度不够，钢结构的防护门在核爆中发生了严重变形，才导致门无法正常开启。

　　为了改进原有的设计，提高防护门的设计精度，需要精确地计算门的变形。然而，那时候的中国对于这种大型结构的变形研究尚处于空白状态。为了解决这个问题，钱七虎加班加点翻译整理出了10多万字的外文资料。经过深入研究，他决定采用当时刚刚兴起的一种计算方法——有限单元法理论。这个理论就是把整体结构划分成许多很小的单元进行计算，但由于分隔出来的单

飞机洞库大门的
有限单元模型

元数量太多，手算是不可能完成的，需要用到大容量的计算机。

当时中国的计算机发展水平比较落后，当国外已经开始使用集成电路计算机时，国内还只有晶体管计算机。当时一台晶体管计算机的体积比一个普通的房间还大，使用十分不便。即使是这种晶体管计算机，国内也只有3家科研机构有。经过辗转协调，钱七虎借到了其中的一台设备，但也只能在他们的非工作时间内使用。由于之前没有接触过计算机语言，缺乏相关知识的钱七虎只能边用边学。在别人看来像天书的计算机语言手册，钱七虎仅仅用了两天时间就看懂了，还能编写程序。

但很快，他又遇到了一个新问题：由于飞机洞库大门的结构十分复杂，计算量庞大，需要的内存也非常大，晶体管计算机的内存量不够用了。于是，钱七虎在学习有限单元法理论和计算机程序语言编程的同时，还要思考怎样才能让编写的软件少占内存。由于只能利用其他人中午吃饭和晚上休息的时间使用计算机，钱七虎和团队只能待在计算机房争分夺秒地计算，累了就在旁边穿孔室的椅子上坐着小憩。那段时间不规律的生活作息，让钱七虎吃尽了苦头，他也因此患上了十二指肠溃疡、胃溃疡，后来又诱发了痔疮。即使躺在病床上，钱七虎依然不肯放下手中的科研材料。凭着这种坚忍不拔的工作劲头，钱七虎最终带领团队圆满地完成了计算任务。

为了缩短防护门的开启和关闭时间，钱七虎还创新性地提出了一个方案——气动式升降门。

气动式升降门

气动式升降门通过控制气压的升降来控制门的开关，其优点在于速度快、噪声小、安全可靠、使用寿命长。气动式升降门主要由门体、升降装置和控制系统组成。

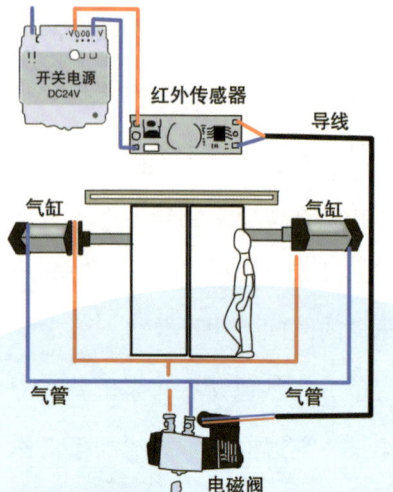

红外传感器

导线

气动式升降门的
工作原理示意图

气缸　　气缸

气管　　气管

电磁阀

气动式升降门的门体通常采用高强度的钢材或铝合金材料制成；升降装置由气缸、气管等组成，可以实现门体的快速升降；控制系统则由压力传感器、控制阀、电气控制系统等组成，可以实现对气压的控制和门体的控制。

为了攻克厚重的防护门的设计难题，钱七虎和团队做了几十次气动试验，一整年的时间里，每一次都以失败告终。但他们并不气馁，每次失败后都会总结经验教训，然后准备下一次试验。经过2年多的苦心研究，1975年，钱七虎终于带领团队成功设计出当时国内跨度最大、抗力最高的飞机洞库防护门。

他总结研究成果而发表的论文《有限元法在工程结构计算中的应用》，为该领域的实践提供了重要的理论和实践案例，他也因此获得了1978年全国科学大会重大科技成果奖。

为国家战略安全装上"金钟罩"

在复杂的国际环境下，中国面临着严重的核威胁。科学家们一边加紧氢弹小型化、武器化的研究工作，一边开始建立"防护工程"。

如果说核弹是一支锐利的矛，可以用来进攻敌人，那么防护工程就像是一面坚固的盾，用来保护自己，这是能消灭敌人的重要保障。盾要对付的可不是敌人的长枪、大刀，而是飞机、大炮、炸弹，甚至是原子弹和氢弹。中国是爱好和平的国家，承诺不首先使用核武器，不开第一枪，但这也意味着，假如战争爆发，我们要先承受敌人的第一枪，才能实施对敌人的打击。因此，我们需要建造大量的国防工程、人防工程，这些防护工程就是我国的"地下钢铁长城"，牢牢保护着我国的国防安全。为国家铸就坚不可摧的"地下钢铁长城"，确保中国在遭受核打击后拥有核反击能力，是钱七虎毕生的追求。

"美国现在的钻地核弹已经可以钻到地下18米，那我们的防护系统就再往下走几百米，这样他们的钻地核弹就钻不到，我们就安全了。"为了应对钻地核弹等先进武器，在阅读了大量文献资料，进行了多次实地考察后，钱七虎决定进一步研究深地武器防护系统。

钻地核弹

钻地核弹也被称为"地下工事的克星"，它是一种携带核弹头钻入地下深处进行爆炸的武器装置。钻地核弹在地下爆炸产生的冲击波，能极大地破坏敌方深埋于地下的各种军事设施，摧毁敌方的军事防御系统。钻地核弹触地后并不会马上爆炸，而是在钻至预定深度后，通过延时引信引起爆炸。它的延时引信可以保证钻地核弹在触地后仍处于保险状态，雷管不起火，直到钻至一定深度后，才会按预置的指令引爆弹头，产生爆炸。与普通炸药相比，钻地核弹的威力更大、破坏力更强。

钻地核弹原理图

在战场上，钻地核弹被广泛使用。它巨大的破坏力、杀伤力和震慑力，给我国的国防建设带来了很大挑战。为实现既能防当代又能防未来敌对战略武器打击的目标，避免国家面临不断建设、不断改造的被动局面，钱七虎提出建设深地下超高抗力防护工程的总体构想。

历经10余年，钱七虎率领团队经过近千次细致推导、计算，构建相关模型，攻克了一个个难关，为抗钻地核武器防护工程的选址、安全埋深、指标体系的建立，以及抗爆结构的设计等提供了理论依据，终于完成了抗深钻地武器防护系统的研究，给我国的战略安全装上了"金钟罩"。

在核竞争的时代背景下，核武器和其他高技术武器不断发展，"矛"升级了，"盾"也要及时升级。钱七虎说："信息化战争中，伪装和防护不是'无能为力'，而是要走综合防护、土木工程防护与信息化防护相结合的路子。"这样，即使精确制导武器被干扰，也不能直接命中我们的重点工程，从而保护我国的国防安全。

移山填海，成"天下第一爆"

20世纪90年代前，珠海经济特区只有一个面积不足

三灶1991年

炮台山

三灶1995年

珠海机场

三灶机场旁边的
炮台山示意图

1平方千米的小机场——三灶机场。1992年，国务院正式批准将原有小机场的面积扩大为3平方千米，将主跑道从1300米延长至4000米，要在2年内建成可以起降大型飞机的珠海机场。

而原本坐落在三灶岛上的炮台山，便成为机场扩建的最大障碍。它不但影响了飞机的起飞和降落，还阻碍了跑道的延伸，挡住了飞机起飞的道路。唯一的方法就是炸平炮台山，移山填海，可这谈何容易？炮台山长800米，宽500米，主峰高107米，土石方量达1200万立方米（土石方量即土方和石方的重量，计量单位一般为立方米）。经过测算，爆破需要1.2万吨炸药，仅比美国在日本广岛投放的那颗原子弹小3000多吨，一次爆破相当于4.5级地震的震动力。如此大的爆破量，世界尚无先例，同时还要确保600米和1 000米外两个村庄的安全，简直难如登天。

面对这个项目，很多人望而却步。最后，钱七虎接下了这项艰巨的任务。他深知这场爆破工程的难度，"是挑战，更是机遇！"

炸平炮台山的第一个难题是，怎样减少爆震带来的危害。为此，钱七虎到珠海进行了7次现场考察，带领团队完成了多次模拟试验，测定震动参数以及炸药的可靠性。与此同时，他邀请了多名不同领域的专家，共同讨论设计方案的可行性。钱七虎认为，要把4.5级的震动力降低到3.6级的安全范围内，一次爆破是不行的，只能"一炮多响"，让数万发雷管多批次起爆（多时段微差爆破）。

雷管

雷管是一种引爆装置，它通过电火花或由化学能量引起的爆炸效应将能量传递给爆炸物或者炸药，使其产生爆炸。雷管一般由外壳和引爆装置两个部分组成。外壳材质通常是塑料或金属，外观呈细长圆柱形或长条形，约有一支钢笔大

"海底巨兽"的秘密

脚线

橡胶塞

电子雷管示意图

电子控制模块

药头

起爆药

小。引爆装置是雷管内部最重要的部分，通常包括电极、起爆药、传火带等。不同种类的雷管，引爆装置可能有所不同，但基本原理相同。

　　第二个难题是准爆问题。在这次爆破中，铺设的网络达5万米，导爆索长达3万米，联网接头有3 000多个。在如此复杂的网络设计中，怎样确保每个雷管都能起爆？如果前面的起爆影响到后面波次的线路，要怎样处理？如果有些雷管不响，又要怎样处理？针对这些问题，钱七虎带领专家团队和一线工人共同讨论，确定了两个并行方案。一方面，采用1∶1方法进行试验，安放和实爆等量的雷管进行试爆，先摸清雷管的准爆底数；另一方面，采用双回路、双保险的点火方式，将电点火和导爆管相结合，这样即使有一个药包电路不通，导爆管也能将其引爆。

　　此外，本次爆破还有安全问题。正常的爆破过程一般是先放炸药，在临爆前再放起爆管和雷管。但是由于这次药包、雷管的数量太多，工序过于复杂，最好一次安装好。从第一批药包装好到正式起爆，中间有一个月的时间，在这期间，如何处理雷管的防电和防潮问题？最后，钱七虎拍板决定，采用一次安装的方式，但是要增加严密的防电、防潮措施。

一切准备就绪。1992年12月28日13时50分，总指挥发出起爆命令后，1.2万吨炸药和数万支雷管，分成了33批次，在38秒的时间内逐一起爆。炮台山在这惊天震动中被分成了3段，山体的土石在爆炸中被一片片地抛向天空，再落入大海。七八分钟后，在烟尘弥漫中，大半个炮台山都消失了。

钱七虎主持的这次炮台山爆破，至今仍保持着世界上最大的一次非核爆破的纪录，被称为"天下第一爆"。

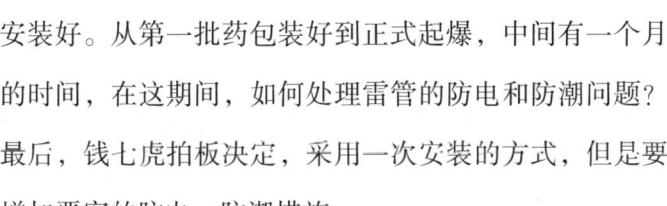

水底掘途，通"万里长江第一隧"

长江是我国最长的河流，自西而东横贯我国中部，把中国分为南、北两边。长江之险，影响了南北两岸的交通，钱七虎很早就开始思考：我们能否在长江底部建隧道？这样既能减轻桥梁给长江水道带来的巨大负荷，减少陆地交通和水上交通的矛盾，也能更好地促进沿江地区经济发展。

"海底巨兽"的秘密

2002年，党和国家领导人在北戴河面见许多科学家，钱七虎也在受邀之列，他当面向党和国家领导人提出了在长江修建越江隧道的建议。这条重大的建议很快被中央采纳。2年后，钱七虎出任南京长江隧道工程的专家委员会主任。

南京长江隧道所处的地质环境极其复杂，技术难度大，还存在较大的施工风险，是国内乃至世界上难度最大的工程之一。设计单位提出采用"沉管法"，这种方法是在长江底下挖一道沟，然后把一段一段预制好的管道放在管沟里，再将它们连接起来，是一种浅埋的方法。

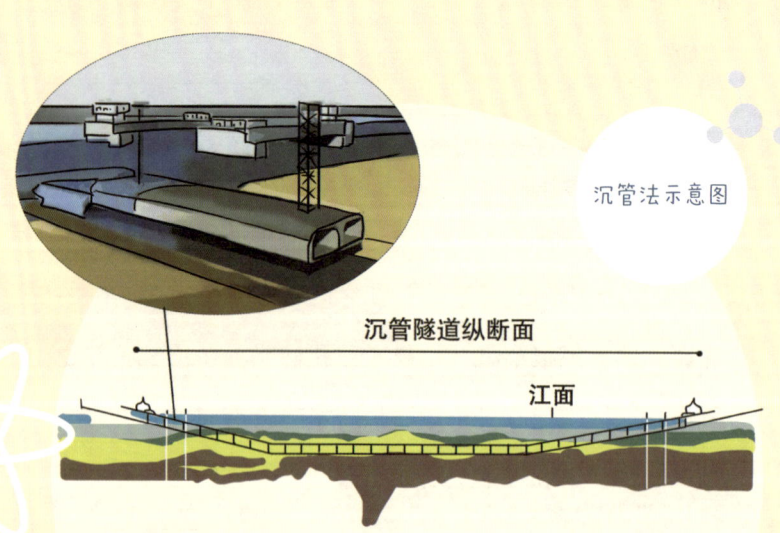

沉管法示意图

沉管隧道纵断面

江面

盾构机在深层挖掘

　　钱七虎经过调查和研究，发现这个方法存在安全风险：三峡水电站即将竣工，这可能会使得长江中下游存在冲淤不平衡的问题。泥沙含量减少后，江水的不断冲刷可能会使下游的管道在江底露出，产生新的安全隐患。因此，钱七虎力排众议，决定使用盾构机开凿江底，在长江底部的深层进行挖掘，建造南京长江隧道。这种尝试在世界上还是第一次，难度可想而知。

　　2005年9月30日，备受社会各界关注的南京长江隧道工程破土动工。参与这个项目的科研及工程人员，无一不战战兢兢、慎之又慎。然而，最令人担心的事情还是发生了。2008年8月6日，正在工作的一台盾构机停止了前进，大家赶紧停工检查，通过实地勘测和分析，发现主要原因是长江底部的地质情况复杂，下面有很多石头，从德国进口的盾构机并不能很好地适应，导致刀具严重磨损，但监测系统没有及时发出警报，"刀钝了，所以转不动了，就只能停了"。

工程暂停的消息一经发布，很多人议论纷纷，有人怀疑南京长江隧道要"烂尾"了。工程团队一方面要向媒体澄清事实，另一方面又要在有限的工期内找到解决方案，压力巨大。此时，身处外地的钱七虎立即赶回来召开了记者招待会，把工程暂停的原因向大家解释清楚：刀具磨损了，是能够修和换的。他坚定地表示："工程绝不能报废，更不会'烂尾'。"在他的不懈努力下，舆论的压力解除了，大家开始修复受损的刀盘和刀具，并从刀具的类型、硬度、材质等方面进行优化。用上了中国生产制造的刀具，南京长江隧道很快重新开始动工。

2010年5月28日，经过近5年的艰苦奋斗，南京长江隧道终于全线通车。这座过江隧道攻克了许多世界级的技术难题，囊括了国内建筑行业几乎所有大奖，如鲁班奖（中国建筑行业工程质量最高荣誉奖）、国家科学技术进步奖、国家优质工程奖金质奖等。由于钱七虎作出了卓越贡献，南京市委市政府还授予他"南京长江隧道工程建设一等功臣"的荣誉。

 科学贡献

奋斗一甲子，报国六十年，钱七虎始终坚持研究防护工程，构建了我国现代防护工程的理论体系，解决了核武器空中、触地、钻地爆炸，以及新型钻地弹侵彻爆炸等多个关键难题，为我国防护工程的发展作出了巨大的贡献，为国家铸就坚不可摧的"地下钢铁长城"。

钱七虎先后获得全国科学大会重大科技成果奖、国家人防科技进步奖一等奖、国家科学技术进步奖一等奖。2019年1月8日，作为我国防护工程学科的创立者、现代防护工程理论的奠基人，钱七虎站上了我国科学技术领域最高奖项——国家最高科学技术奖的领奖台。多年来，钱七虎始终怀有强烈的报国情怀和使命感，惦记着国计民生问题，参与了南水北调、西气东输、雄安新区规划、港珠澳大桥等项目的战略咨询工作，在我国许多重大工程项目的建设中都作出了突出贡献。

数十年来，钱七虎还倾心育人，提携后辈，先后指导博士研究生50多名、博士后40多名，其中多名学者先后被评为"长江学者""勘察设计大师"等，为国家培养了一大批矢志强军报国的科技创新人才。

刘永坦

"海上长城"筑梦人

科学家简介

刘永坦（1936年— ）

率领团队建立了我国第一个新体制雷达实验站

哈尔滨工业大学教授

中国科学院院士和中国工程院院士

2018年度国家最高科学技术奖获得者

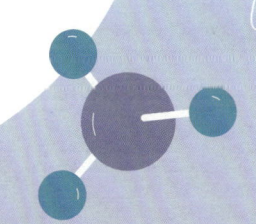

科学发现

新体制雷达技术，中国必须掌握

1953年，刘永坦考入哈尔滨工业大学电机系。1956年，他进入清华大学无线电系深造，在那里，他初次接触到无线电技术，并与之结下不解之缘。

1979年6月，刘永坦启程前往英国，目的地是伯明翰大学（University of Birmingham）的尖端雷达技术实验室。在英期间，他凭借扎实的学术背景和不懈的努力，获得了雷达专家谢尔曼教授的认可，并参与了"民用海态遥感信号处理机"项目的研发工作。在那里，刘永坦接触到了一种前沿的雷达系统——新体制雷达。他暗下决心："中国必须掌握这项技术！"

1981年秋，结束英国的学习和研究后，刘永坦很快回到了中国。他的志向是开创中国雷达事业的新体制，于是立即投入紧张而充满挑战的研究工作。面对当时国内在雷达技术领域落后的现状，他明白，自主研发是唯一出路。

尽管资料匮乏，刘永坦仍以全球雷达技术的最新动态为基础，坚持创新信号和数字处理技术。经过10

个月的艰苦攻关，结合自己在海外取得的科研成果，他撰写了一部中国新体制雷达研制计划，总字数多达20万。随后，他领导了航天部预研课题"新体制雷达关键技术及方案论证"，经过800多天的连续奋战、上千次试验、上万份试验资料的积累，最终建立了完整的新系统理论框架，为成功研发我国新系统雷达奠定了坚实基础。

1986年7月，新体制雷达关键技术成果鉴定会在哈尔滨工业大学主持召开。经过严格讨论和评审，50多位专家一致认为，哈尔滨工业大学在掌握新系统雷达主要关键技术、部分技术达到国际先进水平的技术攻关方面取得了重大进展。新系统雷达从此由预研课题向国家科技应用和基础研究课题转变。

雷达

雷达，英文Radar的音译，代表无线电探测和测距技术，即利用无线电波发现目标并确定其位置。

雷达技术的诞生可追溯至第一次世界大战期间。当时英国为对抗德国，急需一种能探测空中金属物体的技术，以辅助防空部队搜索敌机，应对空袭威胁。到了第二次世界大战时，雷达技术已经发展到具有多种功能，如地空、空地（搜索）轰炸、空空（战机）火控和敌我识别等。雷达的作用在"二战"中是巨大的。例如，英国在海岸线部署的雷达帮助英军精准定位德军位置，这直接促进了英国在大不列颠空战中取得胜利。

如果要了解刘永坦研制的新体制雷达，首先我们要认识一下雷达技术的核心——电磁波。

电磁波

电磁波作为能量的一种表现形式，其存在方式与空气相似，都是无形却无处不在的。在光谱中，除了可见的光波外，还有许多我们无法用肉眼观测到的电磁波，如红外线、紫外线以及微波等，它们都属于电磁波。

雷达技术所依赖的无线电波，也同属于电磁波范畴，被广泛应用于现代科技与生活之中。像手机、收音机等日用设备，就是通过无线电波将数据、信息传递出去的。

雷达也叫"无线电定位"，是一种电子设备，利用电磁波探测目标。雷达发射机发射电磁

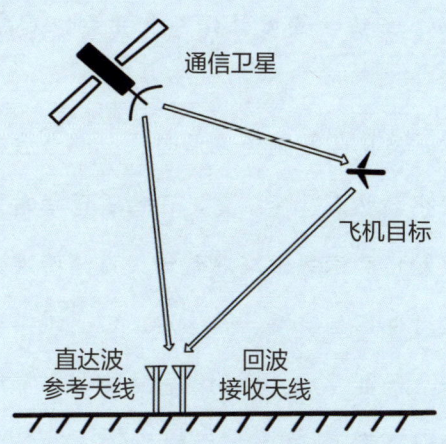

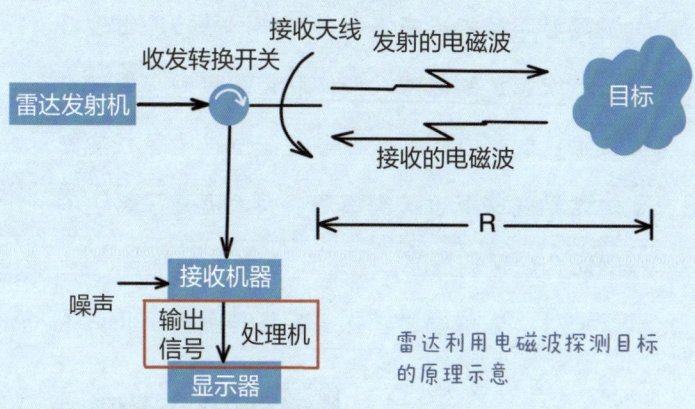

雷达利用电磁波探测目标的原理示意

波，当电磁波遇到目标时，高频能量的一部分被目标反射回来，到达接收天线，回波进入接收机器，观测人员可以通过接收机器的输出信号〔目标到电磁波发射点的距离、距离变化率（径向速度）、方位、高度等信息）来判断目标是否存在。

雷达发射机发射电磁波时，电磁波会被目标反射回来。然而，传统雷达在传输信号时是有限的。其发出的信号只能沿着一条直线传播，因为受到地球曲率的影响，无法发现位于地平线下方的目标。因此，扩大探测范围通常需要靠提高雷达的架设高度来弥补这方面的不足。

随着科技的不断进步，新体制雷达的出现打破了传统雷达的局限。新体制雷达采用了更先进的技术，如相控阵技术、微波影像技术等，实现了对地平线以下目标的探测，大大提高了雷达的探测能力和探测范围。

此外，新体制雷达还具备多种优点，如抗干扰能力强、探测精度高、反应速度快等，能够精确捕捉复杂环境下的目标，为现代战争和民用领域提供了技术上的有力保证。

总之，电磁波作为现代科技的重要基石之一，其应用领域广泛而深远。

利用海面高频电磁波绕射原理，刘永坦研制出了新体制雷达的核心技术——无线电波，即使隔着很远的距离，这种雷达波也能迅速沿海平面向外扩散并覆盖。这意味着，过去因为地球曲率而无法被侦测到的飞机和船只，现在在新体制雷达的监测下无所遁形。即使是进行超低空飞行的超级战机，也能被监测到。更令人振奋的是，这种雷达能够在有海洋波浪等强烈干扰的情况下，实时、准确地捕捉到目标，其技术难度相当于从太空中发现地球上海洋中游动的水母，真正实现御敌于千里之外。

无线电波

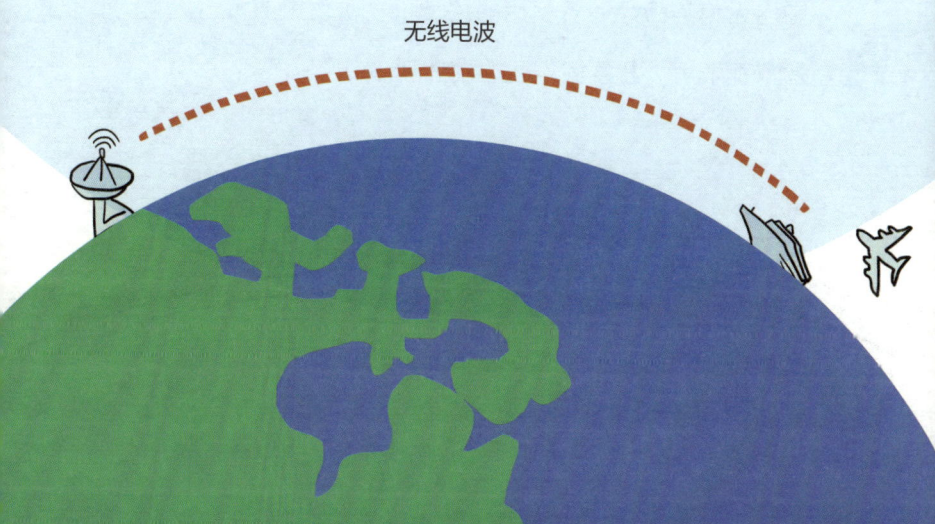

　　革新传统雷达结构的新体制雷达，既有技术层面的革新，即在结构上有所突破，也有信号处理方式的革新，展现了全新的技术特点，实现了更为精确和高效的雷达探测功能。目前已知的全固态相控阵雷达、合成孔径雷达、无源雷达、超视距雷达、双（多）基地型雷达、谐波雷达和激光雷达等，都属于新体制雷达。

　　新体制雷达的"新"主要体现在它所融入的众多创新技术上。这些技术包括但不限于相控阵技术、激光技术、微波成像技术、数字化信息处理技术、脉冲多普勒技术、无源探测技术以及反隐身技术等。当这些新技术与传统雷达技术相结合，所形成的雷达均可被归类为新体制雷达。这一雷达类型曾被誉为"21世纪的雷达"，因为它展现了现代雷达的崭新发展动向。目前，全球范围内无论是已经装备使用的还是正在研发中的雷达，大多数都采用了新体制雷达的设计理念。

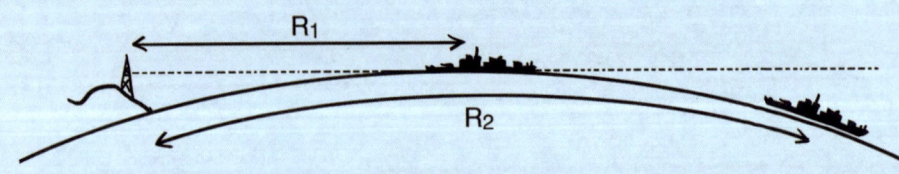

R₁为普通雷达电磁波的路径，R₂为地波超视距雷达的路径

还有一种地波超视距雷达，它的外观可能与其他雷达相似，但其探测原理却有所不同。这种雷达通过使电磁波沿地球曲面传播来实现超视距探测，巧妙地利用了电磁波的"绕射"特性。地波超视距雷达之所以在海洋监测中占据重要地位，是因为陆地和淡水的导电性能较差，导致电磁波传播时的能量衰减较大。相对而言，导电性良好的海洋表面则能有效减少电磁波传播时的能量损失，因此这种雷达在海洋方向上的应用尤为广泛。

建成第一座新体制雷达实验站

刘永坦深知，在雷达技术领域不能够纸上谈兵，为了推动实际进展，国家亟须建立雷达实验站。鉴于新体制雷达在海洋监测方面的关键作用，将雷达实验站选址于海边成为必然。经过深思熟虑，刘永坦最终决定在刚建立不久的哈尔滨工业大学威海校区的海边建立实验站。

1988年，我国第一座新体制雷达实验站开工建设。此后的一年里，刘永坦不顾风吹雨打，带领班组坚守岗位，终于在1989年完成了实验站的基建工作。

小故事

　　该项目的工程师于长军回忆说："1990年3月，我国第一部对海新体制试验雷达就是我们团队辛苦研制的。那段时间，刘永坦与我们并肩作战，共同面对各种挑战。当时发射台和接收台的雷达站空间有限，由于经费紧张，只能勉强容纳试车设备。刘永坦和其他成员都没有专门的办公地点，只有一张摆放在器械旁的办公桌，作为临时的工作台。当时的雷达站周围荒凉，由于没有交通工具，我们每天都要步行半个多小时才能到达。从住处到雷达站只有一条窄窄的小路，很多时候，工作结束后，天色已晚，我们只能结伴而行，打着手电筒互相壮胆。"

　　研制雷达时，现场试验占据了绝大多数工时。刘永坦和他的团队常常连续几个月在艰苦的环境里试验，刘永坦作为项目负责人，承担的任务更重，每天上班时间长达十几个小时。饿了就靠面包简单充饥，困了就在实验室的凳子上打个盹。为了攻克核心技术难题，他付出了超负荷的努力，导致腰椎间盘突出症复发，数月行动不便。在工作进行到最关键的阶段，他曾因劳累过度而突然晕倒。

1989年，我国第一部对海新体制试验雷达在刘永坦和团队的不懈努力下成功问世。1990年4月3日，团队首次实现远海探测海面目标实验，这一成果标志着我国大洋探测领域雷达新系统技术取得重大突破。

把实验室成果变成真正的应用

刘永坦一直有一个坚定的信念：一定要把实验室的科研成果转化为实际应用。在完成了新系统雷达站的配备后，在漫长的运营测试中，他再次带领团队全身心投入。然而，新的挑战又出现了——探测环境中的电离层杂波干扰。

电离层杂波

电离层就像是地球大气层中笼罩着的一层神秘面纱，里面隐藏着丰富的自由电子（free

"海底巨兽"的秘密

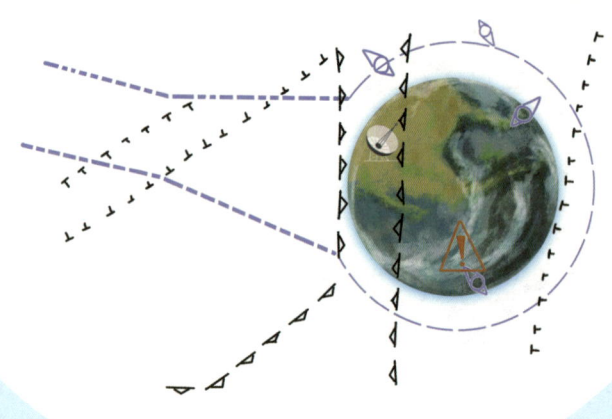

电离层杂波示意图

electron）。雷达作为探测物体的得力工具，工作的时候犹如在茫茫人海中寻找遥远的伙伴。当雷达信号穿越电离层时，电离层里的那些自由电子有时会调皮捣蛋，犹如在玩捉迷藏，使雷达信号受到干扰，接收到错误的信息，这便是电离层杂波。

电离层杂波的干扰异常严重，对雷达探测性能的制约几乎成为工作中的瓶颈。当电磁波探测到的目标回波与电离层杂波交织在一起时，会如同火烧云般遮蔽目标信号，导致雷达的探测距离骤减至不足100千米。若无法攻克这一难题，新体制雷达将无法作为工程设备发挥其实用价值。

刘永坦及其团队在崭新的雷达站内，为如何抗杂波而费尽心血。他们观察到，雷达回波监控的目标常常被数万倍甚至数百万倍的杂波淹没，令人难以区分哪些是真正的目标、哪些是杂波。更为棘手的是，随着雷达站向南移动，距离赤道越近，电离层的干扰越是成倍增加，之前实验站验证的方法在此处失效了！若不能解决这一难题，过去十几年的辛勤努力恐付诸东流。

刘永坦和团队成员尝试在原来的基础上增加一层算法，改善以后，发现有部分目标回波能被看见了，这让他们更坚定了信念，努力想办法解决问题。刘永坦和团队在这场没有硝烟的战争中，接连面对技术难题，一次次攻关，一次次试验，又一次次推翻，一次次调整方案。他们进行了概念分析、理论分析，进行了多次、多种技术的验证才达到设备的工程应用。经过不懈努力，终于，雷达监视器里同时发现了实验的船只和飞机的回波。这标志着我国第一台具有全天时、全天候、远距离、海空兼容等特点的海防预警装备，在刘永坦及其团队的不懈努力下成功问世，实现了国家重大原始海防预警科技创新。这一成果使我国跻身世界上掌握长距离实装雷达研制技术的少数国家行列，显示了我国在该领域的卓越实力和深厚底蕴。

时至今日，刘永坦依然坚守在教学与科研的前沿阵地，为科技进步和国家发展持续贡献着自己的力量。

科学贡献

历经10余年的不懈努力，2019年1月，刘永坦及其团队成功解决强海杂波背景下信号处理和目标探测难题，建立了我国首个新体制雷达站，同时攻克了电台干扰、大气噪声等11项关键技术难题，成功研制出新型对海探测雷达。

刘永坦还主导了逆合成孔径雷达的研发工作，创新性地推进了运动补偿理论的发展，并提出了针对大带宽信号与系统的新型补偿方法。他提出的信道一致性数字补偿技术和多目标自适应快速最优跟踪方案，在实现对运动目标的雷达成像方面取得了显著成果。

刘永坦带领的团队在国产某型机载火控雷达，以及某型全天时、全天候、远距离探测雷达的研制项目中也发挥了举足轻重的作用，帮助我国在新体制雷达研制领域掌握了核心技术。他们研制的新型远距离探测雷达，与当前国际上的先进雷达相比，在系统规模、作用距离、精度、抗干扰能力等方面均表现出色，特别是在强干扰环境下对微弱信号的获取、检测和处理技术方面，有效提升了雷达在复杂电磁环境下的作战能力，使我军在电子战中占据了有利地位。

刘永坦曾深情地说："能把自己的力量贡献给国家，就是我们最大的动力，也是我们的使命。""这么大的任务，国家交给我们，真是无上光荣啊！"

黄旭华

"海底巨兽" 的秘密

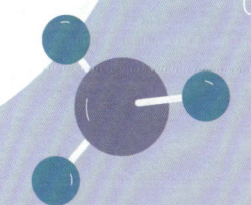

科学家简介

黄旭华（1926—2025年）

核动力潜艇专家

中国核潜艇事业的开拓者和奠基人之

一，被誉为"中国核潜艇之父"

中国工程院院士，"共和国勋章"获得者

2019年度国家最高科学技术奖获得者

科学发现

潜入海洋深处，透过模糊的海水，会发现有巨大的身影正悄悄潜行。它是海洋的守护者、国家的战争利器，是我们在关键时刻的坚强后盾。它就是一个国家军事实力的重要象征之一，神秘的"海底巨兽"——核潜艇。

在核潜艇领域中，有一个如雷贯耳的名字——黄旭

神秘的"海底巨兽"——核潜艇

华，他被誉为“中国核潜艇之父”，是中国核潜艇事业的开拓者和奠基人之一。黄旭华的一生，见证了中国核潜艇从无到有、从弱到强的曲折历程。

立志科学救国，投身海洋事业

1926年，黄旭华出生在广东海丰一个普通而又温暖的乡医之家。小时候的黄旭华善良聪慧、勤奋好学，尽管家庭条件有限，但他的父母始终鼓励他努力学习，他立志像父母一样做一名医治百病的良医。然而，他小学毕业时，全面抗日战争爆发，山河残破，民不聊生，沿海地区的学校纷纷停课。1938年的春节，年仅12岁的黄旭华跟着哥哥离开家乡，走了整整4天山路，才到达揭阳山沟里一个用稻草搭起来的临时学校。

那段艰难时期，当日军的战斗机在头顶上空轰鸣时，老师们会迅速拿起小黑板，带领学生奔向甘蔗地，躲在里面继续上课。在没有高高的甘蔗林可以遮挡的夏季，他们只能冒险在大树的树荫下学习。在战争最为激烈的阶段，学校被迫关闭，黄旭华不得不在梅县、韶关、坪石、桂林等多地寻找读书的机会。求学路上，他越发坚信，只有科学技术才能拯救国家，他决定放弃医学，转而学习航空和造船，他的目标是未来能制造出飞机，保护我们国家的天空，以及建造军舰以抵抗外敌入侵。1945年，黄旭华终于辗转抵达重庆，并以优异的成绩考入了当时的国立交通大学。从小生长在海边的黄旭华对海洋有着不一般的感情，他选择主修民船设计，学习造船理论和技术，决心研究出中国自己的先进舰艇，为国家海洋事业作出贡献。

1949年，在革命思潮的引领和号召下，黄旭华加入了中国共产党。毕业后，黄旭华毅然向组织提出参军。

中国要研发自己的核潜艇

1954年，黄旭华从事苏联援助的舰艇转让仿制工作。这一年，美国"鹦鹉螺"号核潜艇首次试航。1957年，黄旭华成为上海船舶工业管理局设计二处潜艇科科长，也是在这一年，苏联第一艘核潜艇下水。

知识拓展

核潜艇有多厉害？

核潜艇就像是隐藏在海底的秘密武器，能够悄无声息地在海底巡逻和作战。它的外表似一条鲸，身体内部蕴含着无穷的科技力量。

核潜艇的"皮肤"特别坚固，能抵抗深海巨大的压力；它还有非常强的隐蔽能力，可以在水下长时间行动而不被敌人察觉。先进的雷达、声呐导航系统等技术，就像它密密麻麻的眼睛和耳朵，能够准确探测空中、海面和水下目标，让核潜艇在黑暗的深海中也能看得清清楚楚，畅行无阻。作为大国重器，核潜艇还可以从其头部和两侧的"大嘴巴"中发射各种导弹，如鱼雷、反舰导弹、巡航导弹等。配备了"潜射导弹"的核潜艇，无疑是航空母舰及其他大型战舰的强大对手。一旦这些潜艇装载上"战略导弹"，它们便能够制订出详细的二次攻击方案，以应对核武器的反击。

当时，国际政治形势比较复杂而严峻，美国、苏联相继研发出核潜艇，并且垄断了核潜艇技术，这仿佛将一颗炸弹埋在了中国的海域。然而当时的中国还没有核潜艇可以威慑敌人，守护国家安全，怎么办？那就造！克服再多困难也要造出中国自己的核潜艇。

　　我国一度寄希望于苏联的支持，以便加快研制速度，但苏联却认为核潜艇的技术非常复杂且成本高昂，中国根本无法完成。当时的国家领导人坚定地表示："核潜艇，一万年也要搞出来！"这句话深深地鼓舞了黄旭华等人。

　　1958年，中国自主研发核潜艇的提议迅速得到了中央政府的响应并获得了立项。随后，一批年轻的研究者们秘密聚集在北京，准备承担起我国首艘核潜艇的设计和理论研究任务。这支29人的研究小队里，就有专业能力极其优秀的黄旭华，当时他是该研究室的一名技术人员。

　　刚参加核潜艇研制工作时，领导给黄旭华提出了严格的要求："时时刻刻严守国家机密，不能泄露工作单位和任务；一辈子当无名英雄，隐姓埋名；进入这个领域就准备干一辈子，就算犯错误了，也只能留在单位里打扫卫生。"黄旭华毫不犹豫地答应，毅然开始了长达数十年的核潜艇研究工作。他的家人只知道他在北京工作，除了偶尔用固定信箱联系，其他时间他就像"消失"了一般，过着隐姓埋名的生活。

　　1964年，我国"两弹"研制成功，国家经济形势明显好转。1965年，中央决定全面开展核潜艇研制工作。

400多名来自全国各地的研究人员来到东北葫芦岛，那里自然环境恶劣，一年刮2次七级大风，一次刮半年，冬天寒风刺骨，很难忍受。核潜艇总体研究设计所就在条件如此艰苦的葫芦岛成立了，黄旭华他们正式开始研制我国第一代核潜艇。

当时已经是副总工程师的黄旭华所面临的主要挑战，是如何设计并掌握反潜鱼雷核潜艇的初始构思与技术细节。核潜艇主要分为两类：攻击型核潜艇与弹道导弹核潜艇。根据决策层的指示，他们优先选择研究攻击型核潜艇。当时，全球领先的核潜艇类型被定义为"水滴线型"。为了达到这一目标，美国采取了3个步骤：首先将核动力设备安装到传统的潜艇上，然后开始制造水滴线型的常规动力潜艇，最后将两者结合，实现核动力的水滴线型核潜艇。

在短短的3个月内，黄旭华所在的研究小队通过不断的学习、研究以及实践验证，成功提出了5个不同类型的核潜艇总体设计方案，包括3种常见的线型设计和2种独特的水滴线型设计。这一成果展示了黄旭华和团队在设计过程中的高效能和创新能力。依据大量的试验结果和严谨的科学论证，黄旭华主张攻击型核潜艇采用最先进的水滴线型。最终在他的主导下，中国"三步并成一步"，用了不到10年时间就研制出第一艘水滴线型核潜艇。

黄旭华很注意发挥团队的积极性，在全所首先开展了技术"鸣放"大讨论，让大家敢想、敢说、敢干。最终，这次大讨论形成了核潜艇研制的七大技术攻关项目：核动力、艇型、艇体结构、武器系统、水声系统、水下定位、生命生存保障，科研人员形象地把它们称为"七朵金花"。

从物质到知识，用"一穷二白"来形容核潜艇研制工作一点也不为过。比起荒岛上艰苦的生活条件，更艰苦的其实是科研条件。对于当时的中国来说，研发核潜艇的技术门槛相当高，一方面缺乏相关的理论知识和实践经验，另一方面科研水平不足。此外，基础设施的匮乏也使得这一任务难上加难。面对这些挑战，黄旭华及其团队并没有退缩，他们勇敢地迎难而上，决心克服一切障碍。

"核潜艇就是这样子，没什么大不了"

在缺乏外部资源的情况下，黄旭华及其团队如同在大海中寻找珍珠一般，从世界各地的新闻报道中挖掘关于核潜艇的零星记录。他们始终随身携带着"三重镜子”：“放大镜”“显微镜”和“照妖镜”。利用“放大镜”来查找相关资料，运用“显微镜”来仔细审查这些内容，借助“照妖镜”来区分真实与虚假。

1967年，当核潜艇的技术设计工作即将开展时，黄旭华及其团队急切地寻求关于核潜艇的外观信息，想为初步设计提供一个基础参考。令人欣慰的是，有2位热心的朋友从海外带来了两款美国“华盛顿”号核潜艇的玩具模型。这些玩具的内部构造复杂，充满了各种精密设备，这一发现让黄旭华感到非常兴奋——这两款玩具与他们基于有限的资源和想象力绘制的核潜艇草图竟然有着惊人的相似之处！黄旭华趣言道：“核潜艇就是这样子，没什么大不了。”

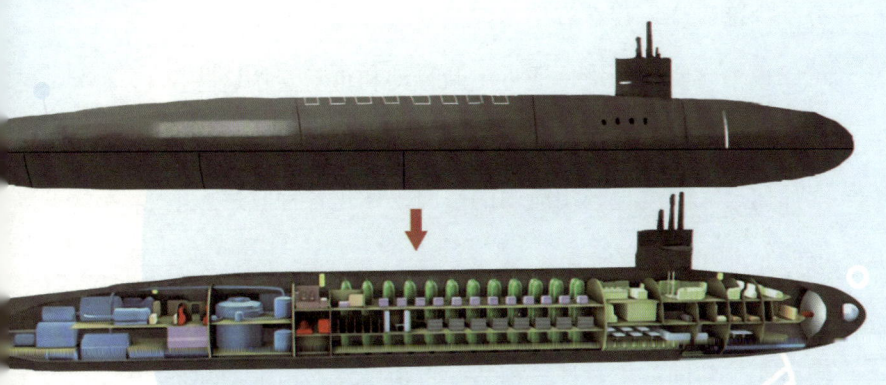

核潜艇的内部结构模型

尽管如此，研究小队仍然十分重视对潜艇模型的精确测量、详细记录以及绘图，他们多次拆卸、比较并进行深入研究。利用玩具模型作为参考，让他们对未来的研发有了更多的信心。

为了确保核潜艇的建设及设备安装过程的合理性，黄旭华和团队创建了一个能1∶1精确复制核潜艇的实物模型，来测试并优化核潜艇的整体布局和施工设计。该模型主要由木质材料构成，同时融入了经济的硬纸板、塑料管以及金属皮等元素。核潜艇模型不仅有逼真的外观，而且内部的仪器、电缆、管道无一不备，人穿行其中，如同身临其境地体验了一艘真实的核潜艇一般。

这个大型玩具式的核潜艇模型扮演了至关重要的角色。过去，设计师们主要依赖于图纸和想象力来规划和分配内部设施。现在有了实际的舱室和设备模块，他们可以模拟真实的环境，通过不断移动和重新安排这些模块，来找到每个设备的最优位置。此外，他们还可以探索如何最大限度地利用舱内的空间，优化各种管道、电缆的布局和穿行路径。

在实际施工时，设计师、施工者以及军方代表紧密协作，共同解决设计、预装配、预操作、预维护和预修理等环节中存在的问题。他们不仅解决了例如整体布局、设备安装与维护、航行操作以及战斗值班等方面的问题，还成功地平衡了设计、生产、海军应用等多种需求。

在第一艘核潜艇的施工及设备安装过程中，除了用玩具模型作为参考，他们还用到了算盘、计算尺等看似不可思议的工具和方法。

例如，一把平平无奇的"前进"牌算盘，算出了研制核潜艇的许多关键数据。为了确保计算过程的精准性，黄旭华采取了一种保险策略，他安排了3个独立的工作小组同时进行计算。当这3个团队得到的结果一致时，计算通过；若他们的结果存在差异，哪怕极微小，也需要重新计算，直到3组都获得相同的结果。正是这种严谨的态度和坚持不懈的精神，使得他们在没有先进科技辅助的情况下，利用算盘和计算尺，日复一日，年复一年，成功地计算出了第一艘核潜艇的几万个关键数据。

如何实现核潜艇导弹发射？

黄旭华凭借其卓越的管理才能和科学创新精神，成功地领导团队解决了许多普通人难以应对的问题，逐步完成我国第一代两型核潜艇的设计蓝图。

　　当时，核潜艇的导弹发射面临着一项挑战。首先，导弹需要被推动至水下，然后上升到一定的空域并点燃。这一过程涉及的位置移动远超在陆地发射的位置移动，因此具有更大的复杂性。对于拥有造船学习背景的黄旭华来说，他深知在超过4 000吨重的潜艇上装备5万多个零部件是一项极具挑战性的任务。如何精准地确定每个设备的重心，并最终实现理想的艇体重心，是一个前沿科技难题。

　　由于核潜艇有空间限制，他决定采取一种看似原始却有效的策略——精确测量。他将科技团队分配到设备生产工厂，确保他们能详细了解每件设备的质量和重心。他这种方法被形象地称为"锱铢必较"。在将设备装入潜艇的过程中，黄旭华等人在船体入口设置了一个称重装置，对进入船体的所有物品进行精确的称量和记录，包括设备、管道以及电缆等。当这些设备被安装完成并拆除了多余的部分后，还需要再次称重，并将这些部分从总质量中减去。此外，任何剩余的管道和电缆都应在离开船体之前进行称重，并在总质量中扣除。

　　由于几年来一直坚持这种精细入微且严格的标准，当潜艇首次下水进行定重试潜时，其重心与浮心的位置完全处于可控状态。最终，我国研发的核潜艇在执行水下导弹发射任务时，其稳定性完全满足了发射标准的需求。

知识拓展

构建核潜艇的3个关键

核潜艇的设计工程集合了海洋深处的核电站、导弹发射平台以及海底城市的综合功能。因此，核潜艇的构建需要同步推进3个关键部分，即核反应堆、潜艇和导弹。这就好比一个由3匹马拉着的车队，只有它们齐心协力，才能顺利完成任务。

其中核反应堆就是核潜艇的"心脏"。汽车的动力来源于汽油和电池中储存的能量，而核潜艇则是以核能作为能量来源。

核能是如何产生的呢？它是通过核反应从原子核释放的能量。如果把物质看作是由无数微粒组成的，那么原子就是构成物质的一种微粒。原子核就是原子最核心的部分，跟太阳系里行星围绕着中间的太阳转一样，每一个原子都有一个原子核，外面有电子围着它转，而原子核又由质子

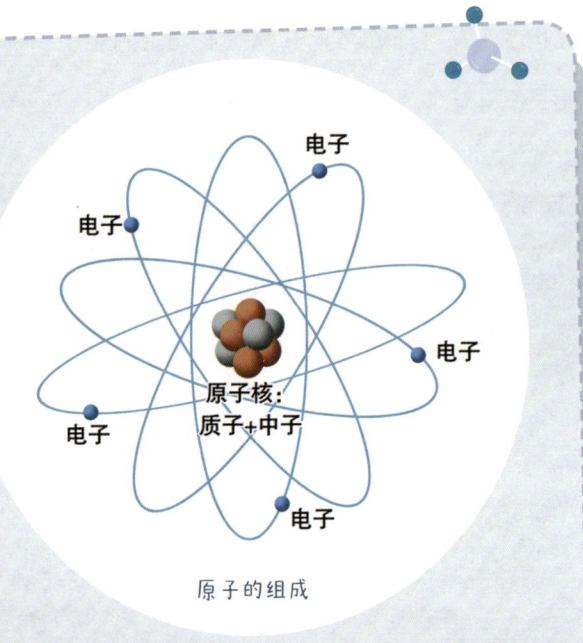

原子的组成

和中子两种微粒构成。

　　当原子核发生变化时，比如发生裂变或者聚变时，就会释放出大量的能量。核能的能量有多大呢？铀作为一种重要的核燃料仅需用到一小块，就能产生相当于燃烧几吨煤而产生的能量。而且核能的利用效率非常高，因为它基本不会产生废渣和废气。核动力系统不但可以长时间保持良好的机动状态，而且反应堆输出的热能还能够提供核潜艇所需的全部动力。因此，核动力系统

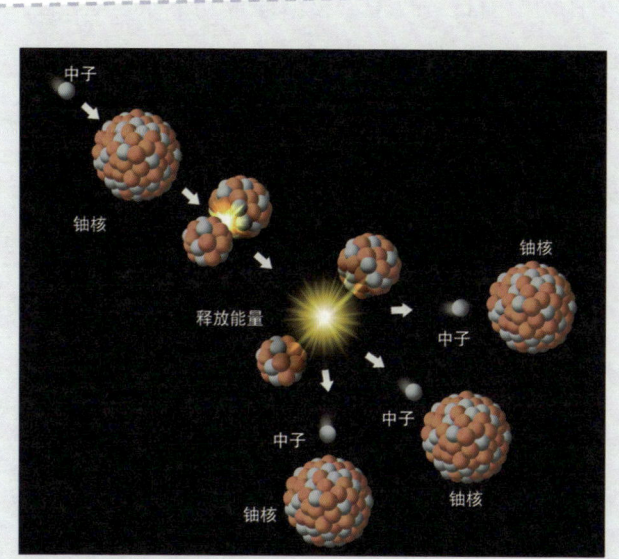

中子

铀核

释放能量

铀核

中子

中子

中子

铀核

铀核

核裂变反应：铀核是一种较重的原子核。中子轰击铀核后不仅会释放能量，还放出3个中子，中子再去撞击其他铀核，不断释放能量。

保证了核潜艇可以长时间在水下航行和作战，不需要频繁上浮"补氧"，更不会因为能量耗尽而无法行动，能够在敌方毫无察觉的情况下到达敌方海岸附近进行打击和破坏。

　　动力系统问题攻克之后，黄旭华就像一个驾辕的车夫，跑遍全国26个省、直辖市、自治区的2 000多个工厂，才把相关的设备和部件全部集中起来。1970年12

月26日，中国首艘攻击型核潜艇成功下水。4年后，这艘核潜艇被赋予了"长征一号"的响亮名称，正式进入了中国人民解放军海军的作战序列。这一速度在全球核潜艇历史上是极为罕见的——从项目启动到实际施工仅用了3年时间，而从施工到下水也只花了2年。1981年4月，中国又成功建造出了一艘弹道导弹核潜艇。仅仅过了2年4个月，该潜艇便开始接受海军的训练，也正式加入了海军的作战序列。由此，中国成为继美国、苏联、英国和法国之后世界上第5个拥有核潜艇的国家，为中国赢得了更多国际尊重和信任，也为国家提供了强大的威慑力量，有效地遏制战争和冲突的发生。

当时，据一些国外专家的文章所述，美国的核潜艇曾安装了一个重达65吨的巨大陀螺仪，通过这个陀螺的高效旋转，可以有效地稳定潜艇在发射导弹时的姿态。中国第一艘核潜艇完善定型、交付使用、长航试验的成功，让黄旭华信心倍增，他认为要相信自己的实验结论，不一定非要跟着美国的经验走。经过深入的理论分析和实验验证，黄旭华果断地放弃了"陀螺"设计方案。最终的结果表明，即使没有采用大型陀螺仪，潜艇在发射过程中仍然表现出稳定的特性，其摇摆角度、纵向倾斜角度以及偏航角度都几乎为零。

黄旭华认为，所谓的“尖端”往往只是对现有技术的整合，例如美国北极星导弹和阿波罗飞船其实并没有引入太多新科技，而是主要依赖于现有的技术手段。这种将“尖端”与“常规”相结合的设计理念，对许多人产生了深远的影响。

深潜试验

在定型、完善我国第一代两型核潜艇的过程中，黄旭华表现出了大无畏的精神，不仅指挥还亲自参与了许多关键性的试验。

其中，1988年4月29日的深潜试验尤为重要。这项试验是为了评估核潜艇在极端环境下的结构完整性和通海系统的安全性能。它要求潜艇能下潜达到设计的最大深度300米，甚至更深，这无疑是最具危险性和挑战性的环节。当其他试验遭遇问题时，可以立刻叫停，降低潜在的风险，但对于深海潜水试验而言，一旦出现问题，其结果往往是灾难性的。例如，1枚仅有扑克牌大小的钢板需要承受超过1吨的水压，而长度超过100米的潜艇主体由众多部件组成，其中任何一个部件的缺陷，如焊接不良、阀门密封不足等，都有可能引发严重后果。所以，从决策者到参试者都不敢掉以轻心。

大家都对深潜试验感到恐惧和忧虑，在试验启动之前，一些船员甚至私下向家人寄出了"遗书"，气氛很是悲壮。面对这一幕，黄旭华深感责任重大。他当即决定亲自参与到潜水艇的试验任务中来。"我对潜水艇的设计和数据测试充满信心，相信它们的安全性。如果出现任何问题，我会与团队共同应对。"黄旭华鼓励大家一起高歌"雄赳赳，气昂昂，跨过鸭绿江"，让大家相信一定能完成试验任务并带回完整的数据。黄旭华参与深潜试验的消息如同定海神针，有效地安抚了参与者们的焦虑情绪。

1988年4月29日，核潜艇深潜试验正式启动。一艘名为"404"的潜水艇开始向海洋深处进发。下潜深度不断增加，从最初的10米到20米再到250米，当潜水艇达到280米的深度时，其外壳每平方厘米所承受的压力已经超过了几十千克力。巨大的海水压强释放出强大威力，使艇体受到越来越强的挤压。由于压力过大，部分舱门开始出现变形，甚至无法正常开启，舱室内部也传来了"咔嗒、咔嗒"的声音，让人感到极度的紧张和恐惧。

在深海探索任务的指挥中心，黄旭华和其他关键决策者们全神贯注地观察着深度计的读数。他们注意到，用于固定深度计的角钢在深度逐渐加深的过程中开始出现弯曲现象。这种状况引发了一阵不安，使得现场气氛变得沉重，众人陷入了短暂的沉默。黄旭华表情平静、指挥若定，实际内心已紧张地揪在一起。随着时间的推移，各个船舱逐渐出现漏水的迹象，总共有19个地方受到影响。事出紧急，黄旭华立即指挥团队执行应急计划，尽快修复受损区域。当一切恢复正常后，他向全体人员详细说明了原因：这是海水压力导致船体结构间相互摩擦、挤压而产生的声音，这种结构上的变形都在预期的设计与控制范围内。

"海底巨兽"的秘密

　　在黄旭华的领导下，参与试验的人员按照既定的程序，执行任务、观察现象、记录数据以及报告进展，整个过程紧凑且有条不紊。当时间接近中午12点时，核潜艇已经抵达深度300米的位置，并且稍微超过了预设的深度。随着一声命令发出，"404"号潜艇稳定地悬浮在这个深度。不久，艇内的欢呼声传来："极限深潜试验成功了！"

　　"404"号潜艇在达到其最大潜深之后，按照预定的时间表开始了上升过程。当它升至大约100米深度的时候，一些船员建议邀请黄旭华为这个特殊时刻留下纪念，黄旭华欣然答应，稍作思

深潜试验成功后，黄旭华兴奋地走出核潜艇

考后，便迅速拿起笔，一气呵成地写下："花甲痴翁，志探龙宫；惊涛骇浪，乐在其中。"

从1958年到1988年，整整30年，因为核潜艇研制工作要保密，黄旭华从未回过老家。1988年核潜艇深潜试验成功后，阔别家乡和亲人30年的黄旭华终于回到了家乡，他九旬高龄的母亲终于见到了两鬓都已斑白的儿子，相对无言，唯有泪千行。

2019年9月末，在中华人民共和国成立七十周年前夕，习近平总书记将一枚熠熠生辉的"共和国勋章"授予了黄旭华。这不仅是对他30年来隐姓埋名，为我国首艘攻击型核潜艇以及弹道导弹核潜艇的设计工作作出卓越贡献的表彰，更是对他在这场波澜壮阔的历史进程中所立下的丰功伟绩表示由衷的敬意与感激。颁奖词中提到，我国第一代核潜艇总设计师黄旭华，为国家利益隐姓埋名，默默工作，60多年来潜心技术攻关，为核潜艇研制和跨越式发展作出巨大贡献。

"海底巨兽"的秘密

科学贡献

在核潜艇的研制设计过程中，经过大量实验和严密的科学验证，黄旭华坚定地主张水滴线型的设计。他的创新之处在于决定将围壳舵与艉水平舵结合起来，以确保在水下高速和低速航行时，潜艇能保持稳定性和灵活性。他还领导团队开发了新型艇体设计，其直径比传统动力潜艇大了约1倍；同时，还在导弹舱的大尺寸和大开孔等方面进行了深入研究。这些设计不仅提高了艇体的耐压性能，还为未来的潜艇设计提供了新的思路。

在由黄旭华领导的研究团队以及合作伙伴们的共同参与下，我国成功地完成了核潜艇研究项目。中国第一艘核潜艇于1968年5月在毗邻核潜艇总体研究设计所的核潜艇总体建造厂开始放样，核潜艇建造正式拉开帷幕。在"091"首艇的制造过程中，囿于条件的限制，黄旭华及其建造者们再次克服重重困难，甚至采用了磅秤称量的笨办法来控制各种设备及艇体重心与质量，终于在1970年12月26日成功完成了我国首艘鱼雷攻击型核潜艇的试航工作。

在研发弹道导弹核潜艇的过程中，黄旭华展现出非凡的创新精神，他提出了"毒蛇"理论以及"尖端与常规"的全新理念，同时勇敢地摒弃了传统的陀螺设计，使得弹道导弹核潜艇的设计和实验取得了显著进展。最终，中国的第一艘弹道导弹核潜艇在1981年4月30日成功下水。

中国的潜艇技术进步与核战略导弹的应用，标志着我国在潜艇领域迈入了一个新的里程。装有核战略导弹的核潜艇是一支具备水下威慑力的核力量，也可以在远洋作战中提供支持和保障，大大增强了我国的海洋防御能力，为国家提供更加全面的安全保障。

曾庆存

洞察冷暖阴晴的 "气象泰斗"

科学家简介

曾庆存（1935年—   ）

国际数值天气预报奠基人之一

曾被世界气象组织授予国际气象科学

的最高奖——国际气象组织奖

2019年度国家最高科学技术奖获得者

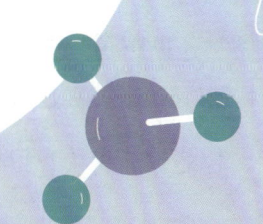

🧪 科学发现

　　从古至今，天气预报在人们的生产生活中发挥着十分重要的作用。但是天气现象变化多端，影响因素众多，想要精准预测，需要克服众多难题。有这样一位科学家，从小亲历了自然灾害对农业生产的毁灭性打击，一度吃不饱饭，后来发愤图强，专攻气象学，为我国及世界数值天气预报和气象卫星遥感事业作出了开创性贡献，大大提升了天气预报的准确性，降低了自然灾害的破坏性。他就是曾庆存。

下决心研究气象，提高天气预报的准确性

　　中华人民共和国成立初期，我国气象灾害频繁，气象预报手段却比较落后，防治措施不足，给人民群众造成了严重的财产损失，甚至危及生命安全。"有没有科学的预报手段，能提前预判天气，做好防范，减少损失呢？"少年曾庆存见过老百姓因自然灾害而吃不饱肚子的场景，也曾亲身经历气象灾害带来的巨大破坏，因此坚定了学习气象专业的决心。

　　1952年，曾庆存以优异的成绩考入北京大学，结合

国家发展需要和个人兴趣志向，被分配到气象学专业学习。1957年，由于国内气象学科人才缺失严重，国家决定选派一批人到苏联学习气象学，刚刚大学毕业的曾庆存因为表现出类拔萃，名列其中。他下定决心要研究客观定量的数值天气预报，提高天气预报的准确性，增强人们战胜自然灾害的能力。

刚到苏联开始学习气象学，曾庆存就发现了一个严峻的现实问题：气象学科的理论研究学习需要有深厚的数学、力学和物理学基础，而他在国内学习到的知识远远不够。于是，在求学期间，曾庆存开始不断夯实自己的学术基础，他经常坐地铁跨校去听数学课、听讲座、听报告，但凡是和大气方面有关联的学术活动，他都不会错过。经过一年半的刻苦学习，他在数学、气象动力学和大气物理等方面均取得了优异的成绩。他的导师基别尔教授注意到他的进步和才华后，决定让他来完成一个难度极高的研究题目：应用原始方程组做数值天气预报的研究，这是当时很多著名气象学家都在攻克的一个难题。出于对曾庆存的关心，不少师兄都反对导师的做法，认为如果曾庆存做不出来，可能毕不了业。可是，凭着从小养成的坚韧不拔的精神和敢闯敢试的勇气，曾庆存毫不犹豫地接下了这个任务。

知识拓展

数值天气预报为什么这么难

什么是数值天气预报？曾庆存院士是这样解释的：所谓数值天气预报，就是根据大气动力学原理建立描述天气演变过程的方程组（数学模型），然后输入大气状态初值和边界条件，用计算机进行数值求解，预测未来天气。

不难看出，想要利用原始方程组做数值天气预报的研究，需要解决以下几个难题：一是长期观测、研究天气变化现象，收集大气运动数据；二是建立描述大气变化过程的模型；三是利用计算机处理数据，总结规律，实现预测天气的目标。

20世纪初，科学界萌生了利用描述大气运动的原始方程组进行定量天气预报的想法，然而由于方程组的复杂性，直接求解变得不切实际。随后，科学家们尝试将求解微分方程转化为算术运算，从而创造出数值求解法。由于缺乏对大气动力过程多尺度性的认识，他们无法准确区分影响天气系统演变的主要因素，因此这一尝试并未成功。到了1950年，科学家们开始针对主导天气运动的大尺度涡旋，采用二维正压涡度方程进行预报。但这种方程的高度简化导致了准确度较低，并且无法直接预报描述大气运动的其他关键变量，如风场、降水场和比湿等，因此无法应用于实际天气预报业务。

什么是涡旋呢？简单来说，就是气旋的一种形式。我们最熟悉的热带气旋，即常说的台风，就是发生在热带和亚热带地区海面上的、具有气旋性环流的低压系统。这种天气系统具有极大的破坏力，强烈的热带气旋不仅能引发狂风和巨浪，还常常伴随着暴雨和风暴潮，给人类生产生活带来严重的危害。

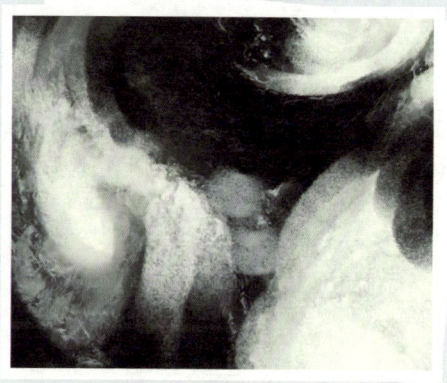

由云、风和雷暴组成的大尺度涡旋

为了将数值天气预报应用于实际，1960年前后，世界各地的科学家们开始重新关注原始方程的研究，以期在这一领域取得突破。

曾庆存在总结前人研究的基础上，提出了独到的见解。他认为，欧美国家在数值天气预报方面的研究并非真正从大气动力学角度出发，而是更多地依赖于计算机处理数据。通过这种方法得出的计算结果往往混乱无序。而苏联的电子计算机规模相对较小，仅有2 048个单元，但大气运动的原始方程涉及的变量却极为繁多，如温度、气压、湿度、风向、风速等，要在有限的计算单元内处理这些变量，确实存在不小的困难。

针对这一问题，曾庆存提出了自己的解决方案。他主张从气象分析和大气运动规律入手，深入探究大气运动的本质。他认识到，大气运动具有多种尺度，这些运动过程是可以区分的。因此，他提出快、慢过程应采用不同的计算方法，即快过程用一种算法，慢过程用另一种算法，同时，这两种算法又需要能够相互协调、联合使用。这种思路不仅突破了当时计算资源的限制，也更为贴近大气运动的实际规律，为数值天气预报的发展开辟了新的道路。

经过反复的试验和失败后，曾庆存终于摸索出了用不同的计算方法分别计算大气运动不同过程的方法，即"半隐式差分法"。

半隐式差分法

所谓的"半隐式差分法"，就是化繁为简，把天气变化过程分为快、慢2个阶段，快的用隐式解，慢的用显式解，再加以整合。显式、隐式和半隐式是不同的差分方案，各有优缺点。显式算得快，但容易不稳定；隐式稳定，但算得慢；半隐式算法则既稳定又能保持一定的高精度，是比较好的计算方案。

曾庆存靠着纸和笔验证了1万多行的程序，并利用计算机验证模型的正确性。但在当时，计算机即便在苏联也是稀缺设备，计算资源的申请也需要层层审批。曾庆存的导师虽然为他申请到每天10小时的上机时间，但只能在深夜操作。于是，曾庆存白天用纸笔进行计算，晚上带着写有白天计算结果的纸条去上机，用上万行程序验证自己模型的正确性。

曾庆存所提出的方法在天气预报领域取得了显著成效。通过这种方法产生的"天气预报"，准确率竟高达60%以上，这一成果令人瞩目。这不仅是世界上首个利用原始方程直接进行实际天气预报的方法，而且它能够准确预报出描述大气运动的关键变量。这一方法的出现，极大地推动了数值天气预报的发展，使其能够更准确地反映大气运动的实际情况。该方法随即被广泛应用于实际天气预报业务中，至今仍在发挥着重要作用。它的成功应用不仅提高了天气预报的准确性，也为人们更好地应对天气变化提供了有力支持。

此外，曾庆存提出的"半隐式差分法"也是数值天气预报领域的一个划时代进步。这一方法为当今数值天气预报业务模式的框架奠定了坚实基础，使得数值天气预报的计算更为高效、准确。它的应用，进一步推动了数值天气预报技术的发展，为气象学领域的研究和应用带来了革命性的变革。

曾庆存的研究成果在数值天气预报领域具有里程碑意义，而他本人也开始在气象学界崭露头角，成为世界上成功应用原始方程进行实际数值天气预报的第一人。至今，"半隐式差分法"仍是世界数值天气预报核心技术的基础。

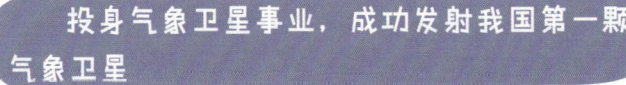

投身气象卫星事业，成功发射我国第一颗气象卫星

我国气象卫星事业的发展，同样离不开曾庆存及其团队几十年如一日的辛勤研究。

1970年，曾庆存又一次根据国家发展需要，服从安排，离开了原来的研究工作岗位，被调去从事当时在国际上刚刚兴起、在中国尚属空白，而他又完全陌生的气象卫星和大气遥感研究工作。

当时美国和苏联已经有了气象卫星，但还处于初级阶段，主要功能是拍摄、获取云图等观测材料以及测量地面温度等。人类对于如何获取遥感大气温湿垂直分布等数值天气预报所需的基本资料，只有模糊的认识。

此前，曾庆存一直从事数值天气预报的理论研究，气象卫星并不属于他的专业范畴。但是，既然国家需要，他便立刻投入气象卫星的相关研究，边学边用，扩充自己知识的同时，也着手组建研究团队。为了研究这项技术，曾庆存几乎牺牲掉了全部的私人时间，深入研究卫星遥感理论。

为了系统总结研究成果，让研究团队的成员更深入地了解遥感理论，由曾庆存撰写的《大气红外遥测原

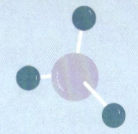

理》得以问世。这部30万字的专著不仅是当时国际上第一本系统阐述卫星大气红外遥感定量理论的权威之作，更是一项将复杂的遥感问题统一为分析遥感方程的数学物理方法问题的创举。在书中，曾庆存提出了诸如"最佳信息层"等新颖而深刻的概念和理论，这些理论不仅清晰地阐释了测湿与测温之间的原则差异，纠正了当时国际上存在的模糊认识和错误观念，更为选择遥感通道提供了科学、合理的原则和依据。

值得一提的是，该专著还提出了一种有效的求解遥感方程的反演算法，具有重大的实践意义。这些理论成果不仅在当时具有前瞻性和创新性，而且至今仍在中国

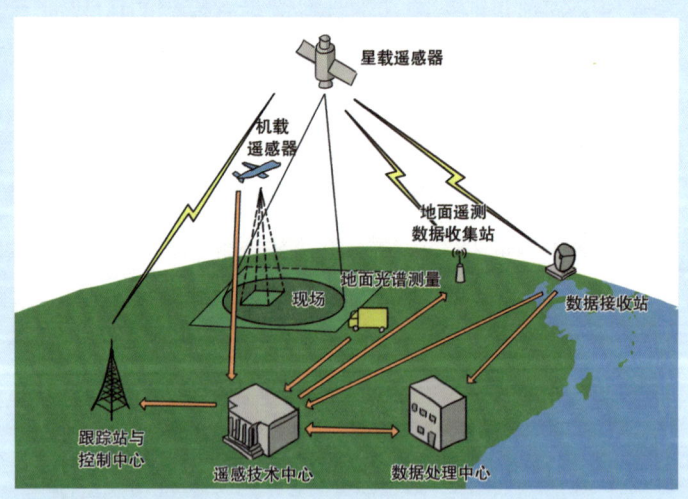

气象遥感卫星工作原理

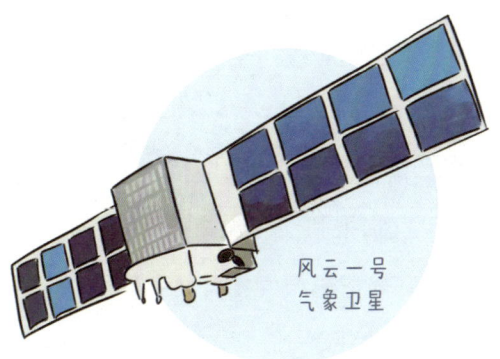

风云一号
气象卫星

和世界气象卫星工程及遥感资料分析中发挥着举足轻重的作用。正是因为有了这些理论作为指导，我国的气象遥感技术才得以保持全球领先地位，为监测暴雨、台风等灾害性天气提供了强有力的技术支持。

1988年，我国第一颗气象卫星风云一号终于成功发射，并在第一时间发回了清晰的遥感图像。风云一号气象卫星可以向世界各地云图接收站发送实时的气象云图，还可以对海洋水体进行

风云一号气象卫星发射现场

探测，对海水温度进行遥感研究。风云一号气象卫星的数据已成为全球灾害监测和环境变化研究的重要数据之一，为更精确的中长期天气预报和气候预测提供必要的基本资料，在灾害监测、环境遥感中发挥着巨大作用。

虽然我国发射的气象卫星比美国、苏联晚了大约20年，但我国在定位上采取的是三轴定位，定向更好，在全球范围内监测台风和雷电更准确，凡是国外卫星有的监测项目，我国的卫星都有，而且风云四号还有国外卫星没有监测的项目。这一成就的实现正是基于曾庆存的理论，离不开曾庆存和团队的日夜奋斗。

科学贡献

2020年1月10日，曾庆存在人民大会堂接受了中国国家主席习近平亲手颁授的国家最高科学技术奖荣誉证书，这张沉甸甸的证书记载了他六十载气象事业的累累功绩。

曾庆存首创的"半隐式差分法"首次成功实现了原始方程数值天气预报，成为数值天气预报发展的里程碑；他创立的气象卫星大气红外遥感系统理论和定量反演方法，为气象卫星遥感科学作出了开创性贡献；他带领的大气物理研究所创立了"大气科学和地球流体力学数值模拟国家重点实验室""大气边界层物理和大气化学国家重点实验室"和"国际气候与环境科学中心"，短短几年便在国际上崭露头角，成为我国大气科学基础研究的中坚力量。

他是扎根于祖国、扎根于人民的科研工作者，将科研成果广泛运用于军用、民用气象业务，并扬眉吐气地说出"我们气象事业整体上是世界一流的，没必要自卑"的豪言壮语，让中国屹立于世界气象科学强国之林。

当所有人都在为他的丰功伟绩喝彩时，曾庆存自己却说："我曾立志攀上大气科学的珠峰，但种种原因所限，没能登上顶峰，大概只在8 600米处建立了一个营地，供后来者继续攀登。真诚地希望年轻人们勇于攀登，直达无限风光的顶峰。"

顾诵芬

航空界的"神笔马良"

科学家简介

顾诵芬（1930年— ）

中国航空科技事业的奠基人之一，我国飞机空气动力设计的奠基人

中国航空研究院名誉院长

中国科学院院士和中国工程院院士，是航空界唯一一位两院院士

成功研制出歼-8Ⅱ飞机，被称为"歼-8之父"

2020年度国家最高科学技术奖获得者

科学发现

10岁生日时，少年顾诵芬收到的礼物是一架木制航模，他很喜欢，可不久航模就摔坏了。见到儿子对航模如此爱不释手，顾诵芬的父亲就带他去上海买了一架飞机模型。每次飞机模型有损坏，顾诵芬都是自己动手修理。几十年后，他参与设计的飞机真的在蓝天上展翅飞翔，成为我国战斗机编队中最引人注目的一道风景线。

心怀报国之志，献身航空事业

1930年2月，国学大家顾廷龙因陆机在《文赋》中所作的一首词"咏世德之骏烈，诵先人之清芬"，而给儿子取名"诵芬"。

顾诵芬7岁那年，亲眼看见日机轰炸北平城的惨烈场面。由于军营距家不足2000米，他始终清楚地记得，飞机从家上空飞过时，能清楚地看到投下的炸弹，炸弹爆炸后火光冲天，烟雾缭绕，轰隆隆的爆炸声把窗玻璃震得碎了一地。成长于战火纷飞年代的顾诵芬，发誓要设计出一架飞机献给祖国。

1939年全面抗战初期，顾诵芬随家人来到上海。为保护我国江南地区珍贵的文化古籍，叶景葵、张元济等爱国知识分子倡办合众图书馆，并邀请顾诵芬的父亲负责馆务。从初中到大学毕业这段时光，顾诵芬差不多都是在图书馆里度过的。顾诵芬很喜欢父亲收集的自然科学书籍，这些书籍给他带来了深远的人生启示。当时，一本备受瞩目的科普杂志《科学画报》成为他的必读之选，杂志不仅介绍了最新的科学知识，还在每期设有一个实用技能栏目，他最感兴趣的是其中的飞机模型制作教程。他喜欢看美国著名科普杂志Popular Science（《科技新时代》），因为可以学习到世界领先的航空模型制造技术，他还喜欢看有关苏联航模制作的书籍。顾诵芬一直保持着对知识的渴望，后来，他成功考入上海交通大学航空工程系，开启了航空领域的学术之旅。

其实，1947年，顾诵芬同时获得了浙江大学、清华大学和上海交通大学的录取资格。由于需要照顾身体不好的母亲，他选择了离家较近的上海交通大学。

在上海交通大学，使用的教科书基本都是英文的，从物理实验报告到毕业设计，老师们都会严格审核每个环节。大一时，物理实验报告必须按规定一丝不苟地撰写，而且要用英文。顾诵芬在控制有效数字方面接受了严格训练，学会了在工程量尺方面严谨地对待数据。正是在这样的学习环境中，顾诵芬养成了良好的学习习惯，打下了坚实的基础。

1951年，顾诵芬读大四，学校系主任希望他能留校任教。然而，顾诵芬心怀报国之志，决定将自己的才华奉献给刚刚起步的中国航空工业。因此，他毅然选择了加入航空工业局，从此踏上了为祖国航空事业奋斗的道路。

建造中国人自己的飞机

1951年，顾诵芬前往刚刚成立的重工业部航空工业局工作。局机关总部设在沈阳，顾诵芬则留在驻京办事机构办公。这一决定标志着他在航空工业领域工作生涯的开始。

中华人民共和国成立之初，我国的航空工业也处在初创阶段。抗美援朝战争期间，顾诵芬所在的制图组面临着修理苏联援助飞机的重要任务。他们需要对苏联提供的飞机、发动机、配件等图纸进行翻译和复制，还需要给工厂提供必要的技术支持。尽管这项工作能让顾诵芬将从学校学到的知识与飞机制造的实际相结合，但他始终怀有自主设计中国自己的飞机的渴望。苏联只是让我们制造飞机，却没有传授设计飞机的方法，而且苏联提供的飞机大多即将退役，技术上也缺乏创新，即使我国想要改进飞机制造的不足之处，苏联也不予支持。

1956年，在"向科学进军"的背景下，航空工业局发布了《关于成立飞机、发动机设计室的命令》，这标志着我国从此不再依靠仿制别人的飞机，不再只是修理飞机，而是开始自主设计飞机。听到这一好消息，顾诵芬等人决定离开北京，前往沈阳。能建造出中国人自己的飞机，是他们最坚定的目标。随后，来自工厂技术部门的人员以及大专院校的毕业生纷纷汇聚到沈阳。中国第一个飞机设计室迅速启动，组建了一支年轻而富有活力的设计团队。这里聚集了当时中国最杰出的飞机设计师，虽然他们的平均年龄仅为22岁，但承载着祖国殷切的期望。担任气动组组长一职的正是顾诵芬。

设计室开展的第一项工作就是设计一架在亚音速（飞行速度小于音速）范围内运行的中级喷气式教练飞机。临界马赫数〔飞机机体表面某部位（一般是机翼上表面）出现气体流速等于当地音速时对应的飞机飞行马赫数〕0.8，选用平直机翼、两侧进气方案。

马赫数

马赫数是一个无量纲（描述纯量或者比例关系，而不受具体单位的影响）的数值，用来表示物体相对于周围介质的运动速度，即物体的速度与声速的比值。当物体的速度等于声速时，马赫数为1，即音速；当物体的速度超过声速时，马赫数大于1，即超音速；当物体的速度小于声速时，马赫数小于1，即亚音速。

教练机

教练机是指用于培训飞行员的特殊飞行器。无论是军用还是民用飞机的飞行员，从最初级的飞行技术逐步发展到能够独立飞行，并执行特定任务，都需要经历培训过程，并通过教练机完成基础飞行课程。中级教练机专门用于培训已经掌握初步飞行技能的学员，帮助他们进行编队飞行、仪表飞行等高级训练。

尽管教练机的性能（最大速度、最大高度和机动性等）只需达到中等水平即可，而且也没有武器挂载的要求，但在当时的中国，飞机设计领域几乎是一片空白，没办法完成要求。在大学期间，顾诵芬只学习过关于螺旋桨飞机设计的基础课程，为了解决飞机机身内侧进气的问题，他不得不返回北京，前往北京航空航天大学图书馆查阅资料，自己动手"影印"重要的图纸——使用硫酸纸将关键图纸描摹下来。

面对困难和挑战，顾诵芬没有退缩，他如同一块磁铁，整合了所有来自不同国家的技术资料、书刊文章和研究报告等宝贵信息，根据当前面临的问题，经过深入细致的思考、分析、计算，顺利地对所有飞机的气动数据都做出了判定。

凭借渊博的学识和过人的记忆力，顾诵芬在业界声名远扬。一位曾与他共事的同事回忆道，在第一次听他讲课时，他在黑板上一口气写下了一长串气动力数学公式，令人赞叹不已。他只在大学里见过一位老师有这样令人称奇的表现，那就是钱学森先生。

1958年7月26日，我国第一架自主设计的喷气式教练机——歼教-1，在沈阳首飞成功。

歼教-1飞机从设计完成到试飞成功，仅用了1年9个月，其速度之快令世界刮目相看。很快，中国航空工业就有了自己的设计团队，为国家全面进入自主设计阶段提供了可能。

随着歼教-1的首飞，初教-1飞机（后改为初教-6）的空力设计任务也交给顾诵芬完成。中国在气动方面的研究和实践，开创了中国飞机设计史上属于中国人自己的气动设计方法。

"歼-8之父"的诞生

20世纪60年代，我国着手研制歼-8飞机，顾诵芬受命担任副总设计师。

当时，国内条件匮乏，没有超音速风洞，也没有满足工程需求的数值计算能力的设备。顾诵芬凭借自己扎实的理论功底，建立了用于设计超音速飞机气动性能的系统，实现了超音速飞机气动力设计、计算、试验与试飞的闭环。这一体系到现在依旧在用，为后续其他飞机的设计做了良好的铺垫，具有重要的历史意义。

知识拓展

超音速飞机

超音速飞机是一种可以在大气中以超过音速的速度飞行的飞行器，它的速度可以达到每秒

1000米以上。设计和制造超音速飞机需要使用一些特殊的气动设计程序和计算方法，这样可以帮助工程师更好地了解飞机在高速飞行过程中所受到的气动力和气动力学效应。

我们来了解几组概念，可以更好地理解飞机飞行原理。

①升力及阻力：升力是作用在物体上，尤其是流径物体表面的流体（如空气或水）所产生的垂

作用于飞机上的力

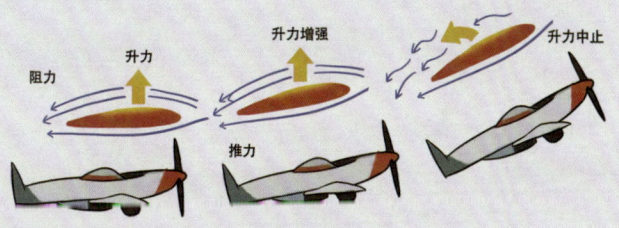

飞机的起飞过程示意图

直于物体运动方向的力。升力是使飞机在空中上升或维持在空中的关键力。物体在空气中移动还会遇到阻力，就好比当我们向前奔跑的时候，空气会对我们的身体产生阻力，就像"吹胡子"一样。

②超音速和亚音速运动的区别：超音速与亚音速的主要区别在于它们的速度。亚音速是指速度比音速（在1个标准大气压和15℃的条件下约为每秒340米）低，而超音速则是指速度超过音速。

为了更好地理解，我们可以用一个简单的比喻：亚音速和超音速的区别就好比扔石头和扔火箭弹。如果你往水面轻轻扔一块石头，它会使水面产生一圈一圈的波纹，这就像是亚音速飞行的现象；而如果你用尽全力往水面扔出一枚火箭弹，它会迅速冲破水面，飞向远方，这就像是超音速飞行的情景。

③高速和低速运动的差异：飞机高速运动和低速运动的差异可以通过飞行速度来区分。具体来说，低速飞机一般是指飞行速度在每秒111.1米以下的飞机，例如小型商务机和直升机等；

而高速飞机则是指飞行速度在每秒272米至每秒3 028.67米范围内的飞机，如喷气式飞机和火箭等。此外，飞行速度在0.5～0.8倍音速范围内的飞机被称为亚音速飞机，飞行速度在1～5倍音速范围内的飞机被称为超音速飞机。

对于我国第一架高空高速歼击机——歼-8，当时国家要求其性能要比苏联米格-21飞机飞得更高，爬得更快，留空时间更长。在考虑总体方案时，既要做到稳妥可靠，又要在国力、人力和技术力量允许的情况下，通过努力达到设计指标，以求初战必胜。在研制周期上，要求5年左右首飞上天，然后在此基础上进行改进。

在歼-8机方案论证时，研制团队首先遇到了进气道型式选择和马赫数由2.0提高到2.2这两个至关重要的技术问题。顾诵芬分析数据后提出了自己的方案，这一方案既能缩短研制周期，又能满足研制进度要求的机头进气。整个研制过程中，从设计、计算到试验、试飞的每一个环节，顾诵芬都积极参与，精心指导。

顾诵芬在研制过程中有一个很重要的发现，就是喷气式发动机对飞机平尾效率的显著影响。当时，国内不具备喷流试验条件，也没有这种试验方法，于是他立马带领自己的团队进行自主研发，并与风洞试验单位合作，确定了战斗机喷流影响试验方法，使喷气冲击的规律得以显现。这也成为我国喷流实验的基本方法，用来确定发动机的喷流影响。

 小故事

继承恩师遗志，解决歼-8安全问题

歼-8战斗机是我国第一款自主设计的歼击机，黄志千是其总设计师，副总设计师顾诵芬负责气动科研设计工作。黄志千和顾诵芬是连襟，他们各自的妻子是同胞姐妹，而且，两人还有师徒情分，黄志千对顾诵芬的职业生涯有着重要的影响，顾诵芬尊其为恩师。

遗憾的是，黄志千在一次出国执行任务时不幸牺牲，顾诵芬和其他几位核心成员挺身而出，接替总设计师的职责，继续推进工程进度。

顾诵芬说，自己当时压力很大，歼-8上天的前一天晚上，他做了好多噩梦，并非因为对自己

的作品没有信心，而是因为这次试飞太过重要，他为此投入了太多的心血，不得不担忧。当试验机稳稳地降落在跑道上时，顾诵芬提到嗓子眼的心终于落了下来。

歼-8首飞虽然安全落地，但飞行员试飞时也发现了新的问题——飞机在空中做转弯动作时会出现抖振，这对于高速飞行的战斗机来说，如果不及时纠正，很有可能引起事故甚至导致机身解体。为从根本上解决问题，顾诵芬做出了一个大胆的决定——自己上天，对抖振产生的原因亲自进行观察。

在中国工程院院士杨凤田看来，顾诵芬能自己上飞机看尾流，很不简单，因为顾诵芬的连襟坐飞机失事了，上机这件事对他家里人来说，不太能接受。

顾诵芬先在战机尾翼上贴上红色的毛线条，这样高空中气流滑过机身时的状态能直观地反映出来。但是，因为他没有飞行经验，地面的负责人建议还是让飞行员上去观察，等下来之后再告诉他。

顾诵芬（后座）在歼教-6飞机上

　　顾诵芬骨子里的倔强再一次显露出来，他认为仅靠语言描述不准确，而且飞机上一次天的成本很高。最终，他如愿坐在了歼教-6教练机副驾驶的位置上。7 000米高空上，他拿着望远镜，近距离观察歼-8的机身情况，2架飞机最近的时候相距有十几米，他却还让飞行员再靠近些。

　　最终，顾诵芬查清了振源，并通过风洞模拟试验，提出了改善方案，排除了抖振故障，使歼-8的性能全部达标，有的指标甚至超过原设计。该机的性能全部优于苏联当时主要装备的米格-21和苏-9飞机，相当于美国当时主要装备的F-4等飞机。

超音速飞机在飞行时会遇到两个问题：一个是在超音速飞行时，飞机的方向很难保持稳定，容易出现偏差和变形，这让飞行员在飞行时感到比较困难和危险；另一个是超音速飞行遇到音障时，会出现强烈的抖动，使飞行员无法保持平稳的飞行。

音障是指物体运行速度接近音速时，会遇到的一股强大的阻力，它能使物体产生强烈的振荡，使速度衰减。

在超音速飞机方向稳定性的问题上，顾诵芬和他的团队也做出了很多努力和尝试。他们发现，调整飞机的控制面和加装稳定器，可以提高飞机的方向稳定性，从而使飞行更加安全可靠。最终，在科学家们的共同努力下，他们成功解决了超音速飞机方向稳定性问题，这对于将来超音速飞机的安全运营有着非常重要的意义。

1980年，歼 8Ⅱ飞机开始研制，它的性能要求远在歼-8之上。仍然作为总设计师的顾诵芬提出了气动布局方案，采用两侧进风方法，成功解决了一系列关键问题，如二元超音速可调式进风通道设计。他组织并领导了军地多个部门、上百个单位，通过高效的团队合作，仅用4年时间，歼-8Ⅱ首次飞行测试就取得了成功。

1984年，歼-8Ⅱ飞机成功首飞，翻开了我国空军发展新的辉煌篇章。由于贡献卓越，顾诵芬被尊称为"歼-8之父"。

作为空军和海军的核心装备之一，歼-8Ⅱ型机是当时中国空军装备中最先进的战斗机之一，有助于提升空军装备水平，提高国家的防御实力和应对能力。由于在技术上取得了突破性进展，歼-8Ⅱ型机在2000年获得了国家科学技术进步奖一等奖。

科学贡献

歼-8系列是20世纪中国空军列装的主战装备，它总共发展出16种新的特殊类型的飞行器，可用于验证新型号飞机的设计、性能和技术。歼-8系列飞机的成功研制，发展和完善了国家的航空工业体系，促进了冶金、化工、电子等相关工业的发展。被公认为新中国飞行器设计杰出大师的顾诵芬，在飞行器气动设计界素有"第一人"的美誉。

顾诵芬一直专注于C919、歼-10、运-20、教-9等多个型号飞机的研发，担任技术顾问、专家组负责人或成员，在解决关键技术问题时发挥着至关重要的作用。他积极推动了我国水上飞机等项目的研发工作，并作出了重要贡献。同时，他也是我国歼-15舰载机和教-9舰载教练机的重要倡导者、推动者和指导者。

从最开始的大飞机专项设立，四代机技术预研，到最新的前沿科技，顾诵芬一直关注中国在航空领域的技术创新、产业发展、国际竞争力等方面的进展和成就。

如今的顾诵芬身患癌症，且经历过两次手术，身体已经很虚弱，但他仍执意要求返回工作岗位。即使现在需要花费以往3倍的时间才能抵达办公室，顾诵芬依然能准时出现，专心致志地研究课题。在他的办公室里，经常聚集着很多院士专家，他认真地听他们讲，并言简意赅地回答着问题。顾诵芬认为，推动中国航空事业的发展，现在能做的，就是翻阅资料、翻译文献，在力所能及的范围内，为青少年们提供帮助，这是他晚年生活的乐趣所在。

"咏世德之骏烈，诵先人之清芬。"顾诵芬恰如其名，他通过一生的奉献表达了对祖国的无限热爱，诠释了什么是真正的赤子之心。

王大中

固有安全反应堆领跑员

科学家简介

王大中（1935年一　　）

先后任清华大学核能与新能源技术研究院院长、总工程师，清华大学校长

主持建成我国首座5兆瓦低温核供热堆，并成功投入功率运行，填补了我国在该领域的空白

主持建成世界首座模块式球床高温气冷实验堆

中国科学院院士

2020年度国家最高科学技术奖得者

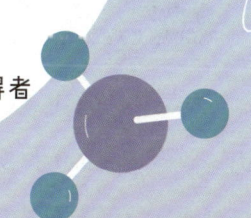

科学发现

　　1938年，科学家发现了核裂变，人类自此进入了开发利用核能的时代。核能聚集了世界各国战略家、政治家、军事家、科学家的目光，世界各国都在不断地对其进行探索和挖掘。然而核能在给人类生产生活带来方便的同时，也存在巨大的潜在风险。例如，如何保证核能使用时的安全性，如何处置核废料才不会对动植物及人类的食物产生辐射影响等。

　　20世纪70年代末至80年代，国际上相继发生了美国三哩岛核事故和苏联切尔诺贝利核事故，这两次核事故给人类及环境带来了毁灭性的伤害。见证了核事故带来的危害，一位中国科学家深刻意识到，"保证核能使用的安全性才是开发核能的前提"。他及时抓住核反应堆安全性的生命线，带领团队建设更具安全性的反应堆，引领中国核能走向世界的前沿。这位科学家便是王大中。

中国核能事业的新篇章

　　王大中自幼在天津上学。1949年3月，王大中作为初中二年级的插班生考入了南开中学。"允公允能，日新月异"的校训、严谨求真的学风和老师的言传身教，激发了少年王大中对物理的浓厚兴趣。1953年，王大中考入清华大学机械系。1955年，因品学兼优，王大中被选拔到新兴的尖端专业——工程物理系深造，从此一直从事核科学技术研究。

1958年，23岁的王大中从清华大学工程物理系毕业，并选择了留校工作。这一年，清华大学迎来了一次前所未有的机遇，他们向上级部门提交了一份具有划时代意义的申请——自主设计和建造一座功率高达2 000千瓦的屏蔽试验反应堆。这一方案不仅彰显了清华大学在核科学研究领域的雄心壮志，也预示着中国核能事业的崭新篇章即将开启。王大中作为工程物理系的优秀毕业生，自然成为这一重大项目的核心成员之一。

建成第一座核反应堆

在工程项目中，选址是一个至关重要的环节。这不仅关乎项目的可行性，更直接关系到未来的运营效率和安全性。当涉及建造一座核反应堆这样的高科技工程时，选址的重要性更是不言而喻。

为了寻找一个合适的核反应堆建造地址，王大中及其团队进行了大量的调研和实地考察。经过层层筛选和比对，最终选定了位于燕山脚下的虎峪村作为核反应堆的建造地点。虎峪村不仅地势较高，而且周围环境相对稳定，为核反应堆的建设创造了一个相对安全的地质条件。此外，虎峪村距离清华大学不远，这为以后的研究和管理提供了便利。经过多方努力，最终清华大学决定将这一重要工程命名为"200号"，并将其作为核能与新能源技术研究院的代号。

当时世界核能发展尚处于起步阶段，各国对于反应堆的研究与建设都采取了极为保密的态度。我国面临的是从零开始的局面，这无疑是一个巨大的挑战。王大中团队唯一可以参考的资料只有苏联人的一张图纸，然而，这并不能解决他们面临的所有问题。核反应堆的设计和建造是一项极其复杂且艰难的任务，他们需要面对的问题不仅涉及众多科学原理和技术难题，还涉及庞大的物资和人力资源需求。

建造屏蔽试验反应堆，需要17个供应系统，数千个机器零部件，几百台仪器设备，以及长达20万米的管线。然而这些都需要从零开始，一步步地去摸索和攻克。更为严峻的是，王大中团队成员的平均年龄只有23.5岁，没有人有出国留学的经历，更没有人见过真正的核反应堆是什么样子。然而面对这样的困境，他们并没有退缩，而是选择了勇敢地迎接挑战。

他们从制作"马粪纸"工程模型开始，用几十台手摇计算机进行设计和计算。可他们的生活条件也很艰苦，燕山脚下，他们只能搭帐篷，自己动手盖房拉电。

就是在这样艰苦的条件下，历经6年的奋斗，这支队伍终于建成了我国第一座自行设计、建造的核反应堆——清华大学屏蔽试验反应堆，并顺利达到了临界运行。

屏蔽试验反应堆

屏蔽试验反应堆是一座功率为2000千瓦的游泳池式堆，主要用来开展射线屏蔽材料性能试验，为研究核动力反应堆提供屏蔽性能试验参数。这是我国第一个自主设计、建造的屏蔽试验反应堆，开创了我国原子能事业的春天。

正当王大中全身心地投入先进的核反应堆研究时，国际上却接连发生了两起震惊世界的核事故。1979年3月28日，美国的三英里岛核电站发生了堆芯熔毁事故，这一事件震惊了全球，人们对核能安全的担忧迅速蔓延。而仅仅7年后的1986年4月26日，苏联的切尔诺

贝利核电站发生了更为严重的核泄漏事故，其影响深远且持久，再次将核能技术的安全性问题推向了风口浪尖。

这两起事故对于正在进行核反应堆研究的王大中来说，无疑是沉重的打击，不过，这也成为他深入研究的契机。王大中认识到，对于核能的利用来说，安全是其生命线，未来的核能发展，必须在确保安全的前提下进行。这种安全不仅仅是对人的保护，更是对技术的创新追求。在王大中看来，这种安全必须是固有的，即核反应堆在设计和运行过程中，能够依靠自然物理规律自动趋向安全状态，而无须依赖外部操作。虽然这个理念听起来简单，但在实际操作中却充满了挑战。王大中深知，实现这一目标需要突破许多技术难关，需要不断创新和优化核反应堆的设计和运行方式。

为了实现这一目标，王大中带领团队开始了艰苦的研究工作，他们花费了近一年的时间进行论证，其间还专程去欧洲进行考察，深入研究了核反应堆的物理原理，探索了各种可能的安全设计方案，进行了大量的实验和模拟，最后确定壳（qiào）式一体化自然循环水冷堆方案，并计划先建设一座5兆瓦低温核供热堆。

1985年，王大中开始主持低温核供热堆的研发工作。低温堆采用一体化布置、全功率自然循环冷却、自稳压、双层承压壳和三回路的设计方案，确保核反应堆的安全运行。

知识拓展

低温核供热堆的技术特点

①低温、低压、低参数运行。燃料元件运行温度低，破损概率小，安全性更好。

②采用一体化布置。把主换热器等设备内置在压力容器内，省去了传统压水堆的主管道；采用自稳压设计，省去了容易发生故障的稳压器，大大提高了反应堆的安全性，降低误操作的可能性。

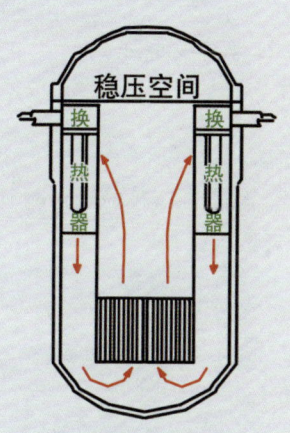

一体化布置示意图

③采用全功率自然循环冷却。堆芯水受热后产生密度差，形成冷却剂的自然循环。冷却剂的流动不需要外在动力的驱动，堆芯冷却完全依靠

最基本的物理规律。即使丧失外电源，也可以长期维持反应堆堆芯的可靠冷却。

④通过热辐射和热传导两种传热方式可排除余热，不需要设置外部动力设施，就可以实现非能动的安全控制。

⑤采用水力驱动控制棒和重力注硼。当控制棒驱动力意外中断时，能够实现重力落棒，仅依靠重力作用即可实现硼酸的注射，为安全停堆提供双重可靠手段。

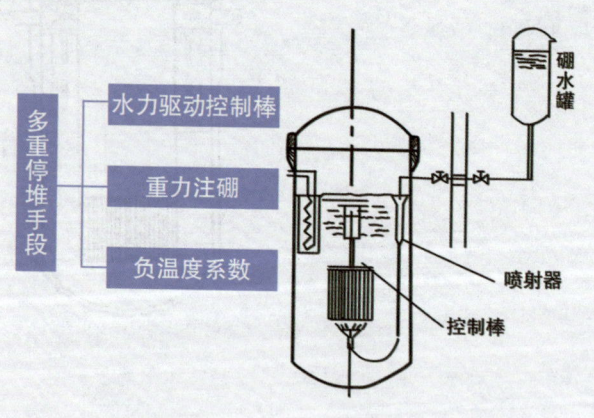
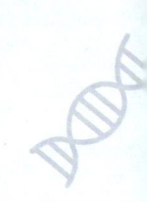

多重停堆手段示意图

⑥采用压力壳和安全壳双重安全屏障，在各

种工况下保持堆芯淹没在水中，有效避免失水事故的发生。

⑦采用三回路设计。在堆芯主回路和用户三回路之间设置中间隔离二回路，形成放射性实体隔离，而且二回路压力高于主回路，有效防止堆内放射性的释放。

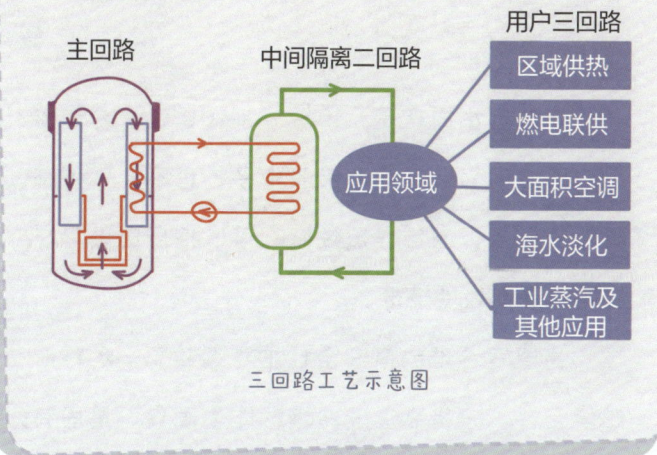

三回路工艺示意图

1989年11月，中国成功建成了世界上首座一体化壳式自然循环水冷堆——5兆瓦低温核供热堆，并正式投入运行。这一创新性的项目不仅标志着我国在小型核能发电和核能供热领域的重大突破，更为全球核能技术的发展开辟了新的道路。

从高温气冷堆中洞察核能的巨大潜力

作为高瞻远瞩的科学家，王大中时刻密切关注国际先进核能技术发展动态，高度关注国家的战略需求。

1981年，王大中在西德于利希核研究中心出访时，德国科学家提出了具有良好的固有安全特性的新一代模块式高温气冷堆的概念。

新一代模块式高温气冷堆

它的基本原理是：用氦气来代替水，冷却核反应堆，因为氦气不会吸收中子，也不会与核燃料发生反应，而且导热性好，可以把反应堆里产生的热量高效地带走。

高温气冷堆的高安全性主要得益于一种球形燃料元件，它是高温气冷堆的能量源泉，是固有安全性的最重要的基础，这也是"要不来、买不来、讨不来"的关键核心技术。

王大中和他的团队并没有被其他国家的技术概念诱惑，而是选择了更为艰难的道路——自主研发。这一决策背后，是基于他们对世界科技前沿的深入了解和科学调研。他们深知，只有站在巨人的肩膀上，才能看得更远。因此，他们投入了大量的时间和精力，对全球范围内的相关技术进行了深入的研究和分析，更加明确了自己的目标和方向。

知识拓展

　　球形燃料元件作为高温气冷堆固有安全性的基础，由燃料区和无燃料区构成，直径约为60毫米。燃料区内弥散着约12 000个直径为0.92毫米的含铀颗粒，颗粒的中心是直径为0.5毫米的铀芯，外面从内向外依次包覆了疏松热解碳层、内致密热解碳层、碳化硅层和外致密热解碳层4层材料，能耐极高的温度；无燃料区是燃料区外厚度

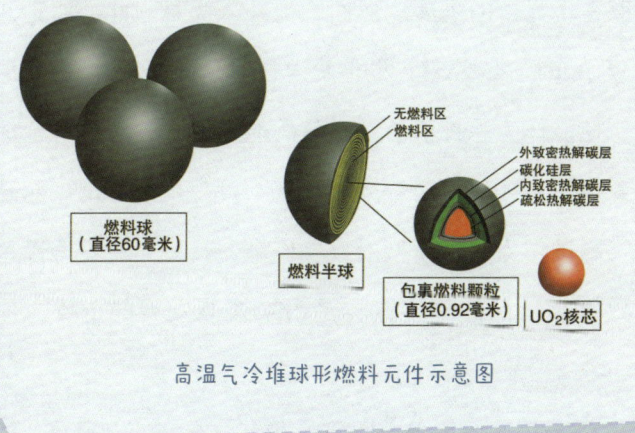

燃料球
（直径60毫米）

燃料半球

无燃料区
燃料区

外致密热解碳层
碳化硅层
内致密热解碳层
疏松热解碳层

包裹燃料颗粒
（直径0.92毫米）

UO₂核芯

高温气冷堆球形燃料元件示意图

约为5毫米的石墨球壳。制作完成后的燃料元件还要经过近2 000℃的高温热处理。这些工艺足以保证在任何情况下高温气冷堆都不会发生堆芯熔毁事故。

王大中以他敏锐的洞察力和前瞻性的视野，从高温气冷堆的使用原理中洞察到了核能未来的巨大潜力。他果断选择了"模块式中小型高温气冷堆的设计研究"作为自己的研究主题，这一选择不仅展现出他对核能发展的深刻理解，也预示着他将为核能领域带来重大变革。

在王大中的主导下，5兆瓦低温核供热堆的研究工作取得了显著的进展。然而，他并未满足于此，而是开始着手布局高温气冷堆的关键技术研发及试验。他深知，核能作为一种清洁、高效的能源形式，在应对全球能源危机和环境污染等方面具有不可替代的作用。而高温气冷堆作为一种新型的核反应堆，具有固有安全性、高效性和环保性等特点，是未来核能发展的重要方向之一。

1992年，经国务院批准，清华大学的"200号"项目正式立项，目标是建设一座10兆瓦模块式球床高温气冷实验堆。这一项目的批准，体现了中国在核能科技领域的雄心壮志和对清洁能源未来发展的高度重视。

2000年，王大中主持的10兆瓦模块式球床高温气冷实验堆成功建成。这一成果不仅是中国核能科技领域的一次重大突破，更是世界核能发展史上的一个重要里程碑。这座实验堆，以其固有的安全特性，成为第四代先进核能系统的代表，引领着核能科技的发展方向。2003年，反应堆在清华大学核研院并网发电成功，这是我国高温气冷堆技术从实验室走向工程化的第一步。

2004年9月，国际原子能机构汇聚了全球顶尖的核能和高温气冷堆专家，共同见证了一个里程碑式的时刻——中国的高温气冷堆验证。这场盛大的活动不仅向全球展示了中国在这一领域的卓越成就，更向全世界宣告了中国在核能安全领域的领先地位。同年，美国知名科技杂志Wired（《连线》）赞誉其为"不会熔毁的反应堆"，认为其达到了当今世界核能安全的最高水平。

时光荏苒，转眼来到了2011年。日本福岛核事故震惊了世界，核能安全问题再次成为公众关注的焦点。然而，在这场灾难面前，10兆瓦高温气冷堆凭借其卓越的安全性能，赢得了国际社会的广泛赞誉。《纽约时报》

更是将其评价为具有革命性的反应堆，认为即使在福岛那样极端的灾害条件下，这种反应堆也能保证安全，避免灾难性后果的发生。王大中曾表示："核事故给人类带来的教训是深刻的，它不仅让我们重新审视核能事业的发展，更让我们深刻认识到核能安全的重要性。公众对于核电安全的担忧是合理的，毕竟核能一旦失控，后果将不堪设想。"

世界首座工业规模的模块式高温气冷堆核电站

王大中团队成功研发的5兆瓦低温核供热堆和10兆瓦高温气冷堆两座实验反应堆，不仅破解了核能安全的世界难题，更推动了核能技术的创新发展。但他们并未满足于已取得的成果，继续深化研究，积极推动单一模块反应堆功率的放大。基于10兆瓦高温气冷堆的成功经验，王大中教授团队致力于研发世界首座工业规模的模块式高温气冷堆核电站。这一创新性项目不仅代表了核能技术的重大突破，更是对未来能源发展的深远展望。

2008年2月，高温气冷堆核电站重大专项总体实施方案获得了国务院常务会议的批准实施。王大中的弟子张作义被任命为高温气冷堆核电站重大专项总设计师，他继承并发扬了王大中的科研精神，推动了项目的顺利进行。然而，受到日本福岛核事故影响，直到2012年12月，该项目才正式开工建设，成为国内核电重启后的首个新建核电项目。

值得一提的是，高温气冷堆因其卓越的安全性而被称为"傻瓜堆"。这种反应堆在发生异常情况时，能够在不需要任何人为干预的情况下保持安全状态。这一特性对于视安全为生命线的核电行业来说，具有重大意义。它不仅提高了核能技术的安全性，也增强了公众对核能技术的信心和接受度。

科学贡献

王大中在先进核能技术研发领域辛勤耕耘数十年，他的一生，可以说是一部中国先进核能技术发展史。从最初的跟跑到并跑，再到如今的领跑，王大中和他的团队用智慧和汗水书写了一部充满奋斗与创新的史诗。

王大中于20世纪70年代开始涉足核能领域，就敏锐地洞察到核能技术的巨大潜力和挑战。面对国际核能技术的快速发展，他坚定地选择了自主创新之路，带领团队开展了一系列开创性的研究。在他的带领下，中国成功建成了世界上第一座5兆瓦壳式一体化低温核供热堆，这一成果不仅填补了国内该领域的空白，也为中国核能技术的发展奠定了坚实基础。

然而，王大中并未止步于此。他深知核能技术的复杂性，带领团队继续探索更具固有安全特征的核反应堆技术，经过数年的艰苦努力，成功研发并建成了世界上第一座10兆瓦模块式球床高温气冷实验堆，这一创新成果使中国在这一领域达到了世界领先水平。

王大中的成就不仅体现在技术研发上，还体现在先进反应堆技术的应用上。他深知科技创新必须服务于国家发展和人民福祉，因此他带领团队将研究成果应用于国家重大工程项目中，为国家的科技创新、经济发展和国防建设作出了重大贡献。在他的带领下，中国先进核能技术取得了令人瞩目的成就。从跟跑到领跑，这一转变不仅体现了中国核能技术的飞速发展，更彰显了中国科技事业的整体实力和国际地位。